"八五"普法推荐学习教材

反间谍法学习问答

含典型案例·相关规定

FAN JIAN DIE FA XUE XI WEN DA

中国法制出版社
CHINA LEGAL PUBLISHING HOUSE

目录

第一部分 问答解法

1. 反间谍法的立法目的是什么？ …………… 3
2. 反间谍工作的基本原则是什么？ …………… 5
3. 资助他人实施危害国家安全的活动是否属于间谍行为？ …………… 7
4. 什么是《反间谍法》中的"境外机构、组织、个人"？ …………… 9
5. 与境内外机构、组织、个人相勾结实施的危害国家安全的活动是否属于间谍行为？ ……… 10
6. 对国家机关实施网络攻击行为属于间谍行为吗？ …………… 12
7. 针对第三国的间谍行为适用我国反间谍法吗？ … 13
8. 我国反间谍工作的主管机关是哪个？ …………… 14
9. 我国反间谍安全防范工作主要由谁负责？ ……… 16
10. 行业主管部门应当履行哪些反间谍安全防范监督管理责任？ …………… 18

11. 落实反间谍安全防范主体责任，要履行哪些义务？ …… 20
12. 公民在反间谍工作中负有哪些义务？ …… 22
13. 哪些情形属于在反间谍工作中做出重大贡献？ …… 24
14. 国家安全机关会对哪些反间谍行为给予表彰、奖励？ …… 26
15. 国家安全机关开展反间谍工作应当注意什么问题？ …… 28
16. 国家安全机关如何处理在反间谍工作中获取的个人信息？ …… 29
17. 国家主要通过哪些方式开展反间谍安全防范教育？ …… 30
18. 专用间谍器材主要包括哪些？ …… 32
19. 公民发现间谍行为应该怎么做？ …… 33
20. 反间谍安全防范重点单位负有哪些职责？ …… 35
21. 国家安全机关工作人员依法执行反间谍工作任务时享有哪些职权？ …… 37
22. 国家安全机关可以口头传唤违反反间谍法的人员吗？ …… 39
23. 国家安全机关询问查证被传唤人时有时间和地点的要求吗？ …… 40

24. 被传唤人家属有权知道其被传唤了吗？………… 41
25. 国家安全机关调查间谍行为时享有哪些职权？……………………………………………… 42
26. 国家安全机关调查间谍行为时应当遵守哪些程序？…………………………………… 44
27. 在何种情形下可以对涉嫌间谍行为人员采取出入境限制措施？………………… 45
28. 国家安全机关发现涉及间谍行为的网络信息内容或者网络攻击等风险时应当如何处理？… 47
29. 国家安全机关在什么情况下可以采取技术侦查措施和身份保护措施？…………… 49
30. 国家安全机关工作人员在依法履行职责时，可以得到哪些协助？……………… 51
31. 国家安全机关因反间谍工作需要可以优先使用他人的交通工具吗？…………… 53
32. 国家安全机关因反间谍工作需要可以依法征用吗？………………………………… 54
33. 国家安全机关工作人员在执行紧急任务时是否享有通行便利？………………… 56
34. 国家安全机关工作人员在什么情况下可以进入有关场所执行任务？…………… 58

35. 国家安全机关工作人员执行任务时，可以进入限制进入的场所吗？ ………… 59
36. 国家为参与反间谍工作的相关人员提供哪些人身保护？ ………… 61
37. 个人参加反间谍工作面临危险的，其近亲属可以向国家安全机关请求保护吗？ ………… 63
38. 因支持反间谍工作而遭受财产损失的，国家会补偿吗？ ………… 64
39. 哪些部门有责任对反间谍工作人员进行安置或抚恤？ ………… 65
40. 在反间谍工作中牺牲的人可以享有抚恤优待吗？ ………… 66
41. 国家安全机关应当对工作人员进行哪些培训？ ………… 67
42. 国家安全机关应当如何对工作人员进行监督？ ………… 68
43. 个人和组织如何对国家安全机关及其工作人员的违法行为进行监督？ ………… 69
44. 国家安全机关收到举报时，应该如何处理？ … 71
45. 外国人可以对我国国家安全机关及其工作人员的违法行为进行监督吗？ ………… 72

46. 实施间谍行为的，在哪些情况下可以从宽处罚? ………… 73
47. 未按照要求履行反间谍安全防范义务的，会有哪些后果? ………… 75
48. 不配合国家安全机关调取数据的，会受到什么处罚? ………… 76
49. 国家安全机关应当如何处理查封、扣押、冻结的财物? ………… 78
50. 国家安全机关如何处理与案件无关的财产? …… 79
51. 反间谍案件中的涉案财物应当如何处置? …… 80
52. 境外人员违反反间谍法的，国务院国家安全主管部门可以如何处理? ………… 81
53. 国家安全机关作出行政处罚决定之前要告知当事人哪些事项? ………… 82
54. 当事人如果不服国家安全机关的处罚应该怎么办? ………… 83
55. 哪些是需要承担刑事责任的间谍行为? ……… 85

第二部分 案例释法

1. 国家机关工作人员及其家人如何避免境外间谍机构的"感情"拉拢? ………… 89

2. 为境外间谍机构提供涉密文件是否属于间谍行为？ …………………………………………… 91
3. 拍摄城市风景照会泄露国家秘密吗？ ………… 93
4. 普通公民应如何配合国家安全机关的工作？ …… 95
5. 境外出差会被间谍机构盯上吗？ ……………… 97
6. 高精尖技术人才需承担较其他公民而言更严格的保密义务吗？ ……………………… 99
7. 在境外受到间谍组织威胁后应当如何自救？ … 102

附录　相关规定

中华人民共和国国家安全法 …………………… 107
　　（2015年7月1日）
中华人民共和国反间谍法 ……………………… 120
　　（2023年4月26日）
中华人民共和国反间谍法实施细则 …………… 134
　　（2017年11月22日）
反间谍安全防范工作规定 ……………………… 140
　　（2021年4月26日）
公民举报危害国家安全行为奖励办法 ………… 148
　　（2022年6月6日）

第一部分　问答解法

1 反间谍法的立法目的是什么?

反间谍法是我国贯彻落实总体国家安全观的第一部重要法律,也是规范和保障反间谍斗争的专门法律,为维护国家安全发挥了重要作用。其前身是1993年制定的国家安全法,主要规定的是国家安全机关履行的职责,特别是反间谍方面的职责。2014年,在原国家安全法的基础上,修订出台了反间谍法。

当前反间谍斗争形势极为严峻,传统安全威胁与非传统安全威胁相互交织,各类间谍情报活动的主体更加复杂、领域更加广泛、目标更加多元、手法更加隐蔽。在总体国家安全观的指导下修订反间谍法,是新形势下落实总体国家安全观和加强反间谍斗争的需要，是推动反渗透、反颠覆、反窃密斗争，确保国家安全的有力法治保障。

在此背景下，2023年4月26日，新修订的反间谍法公布，自2023年7月1日起施行。新修订的《反间谍法》第一条规定："为了加强反间谍工作，防范、制止和惩治间谍行为，维护国家安全，保护人民利益，根据宪法，制定本法。"可见，我国反间谍法立法的直接目的是加强反间谍工作，防范、制止和惩治间谍行为，而根本目的则是通过反间谍工作维护国家安全，保护人民利益。

2 | 反间谍工作的基本原则是什么?

根据《反间谍法》第二条的规定,反间谍工作的基本原则是:坚持党中央集中统一领导,坚持总体国家安全观,坚持公开工作与秘密工作相结合、专门工作与群众路线相结合,坚持积极防御、依法惩治、标本兼治,筑牢国家安全人民防线。

反间谍是国家安全重要领域,反间谍工作本质上是反渗透、反颠覆、反窃密斗争。以习近平同志为核心的党中央高度重视反间谍工作,对加强反间谍工作提出了明确要求。为了贯彻落实党的二十大精神,进一步加强党中央对反间谍工作的集中统一领导,将党中央对反间谍工作的重大决策部署转化为国家意志,更好维护国家安全,新修订的反间谍法在总则部分增加了"坚持总体国家安全观"的指导思想和"标本兼治,筑牢国家安全人民防线"的基本原则。

3 资助他人实施危害国家安全的活动是否属于间谍行为?

根据《反间谍法》第四条的规定,资助他人实施,或者境内外机构、组织、个人与其相勾结实施的危害中华人民共和国国家安全的活动,属于间谍行为。

《反间谍法实施细则》第六条进一步明确,"资助"实施危害中华人民共和国国家安全的间谍行为,是指境内外机构、组织、个人的下列行为:

(1)向实施间谍行为的组织、个人提供经

费、场所和物资的；

（2）向组织、个人提供用于实施间谍行为的经费、场所和物资的。

4 什么是《反间谍法》中的"境外机构、组织、个人"?

《反间谍法》第十条规定:"境外机构、组织、个人实施或者指使、资助他人实施的,或者境内机构、组织、个人与境外机构、组织、个人相勾结实施的危害中华人民共和国国家安全的间谍行为,都必须受到法律追究。"

《反间谍法实施细则》第三条明确,"境外机构、组织"包括境外机构、组织在中华人民共和国境内设立的分支(代表)机构和分支组织;"境外个人"包括居住在中华人民共和国境内不具有中华人民共和国国籍的人。

5 与境内外机构、组织、个人相勾结实施的危害国家安全的活动是否属于间谍行为？

根据《反间谍法》第四条的规定，与境内外机构、组织、个人相勾结实施的危害中华人民共和国国家安全的活动，属于间谍行为。

《反间谍法实施细则》第七条进一步明确，"勾结"实施危害中华人民共和国国家安全的间谍行为，是指境内外组织、个人的下列行为：

（1）与境外机构、组织、个人共同策划或者进行危害国家安全的间谍活动的；

（2）接受境外机构、组织、个人的资助或者指使，进行危害国家安全的间谍活动的；

（3）与境外机构、组织、个人建立联系，取得支持、帮助，进行危害国家安全的间谍活动的。

6 对国家机关实施网络攻击行为属于间谍行为吗?

新修订的反间谍法将"针对国家机关、涉密单位或者关键信息基础设施等实施网络攻击等行为"明确为间谍行为。

《反间谍法》第四条第一款第四项明确,间谍组织及其代理人实施或者指使、资助他人实施,或者境内外机构、组织、个人与其相勾结实施针对国家机关、涉密单位或者关键信息基础设施等的网络攻击、侵入、干扰、控制、破坏等活动属于间谍行为。

7 针对第三国的间谍行为适用我国反间谍法吗?

新修订的反间谍法增加了针对第三国的间谍行为的规定,其第四条第二款明确,间谍组织及其代理人在中华人民共和国领域内,或者利用中华人民共和国的公民、组织或者其他条件,从事针对第三国的间谍活动,危害中华人民共和国国家安全的,适用反间谍法。

8 | 我国反间谍工作的主管机关是哪个？

《反间谍法》第六条规定："国家安全机关是反间谍工作的主管机关。公安、保密等有关部门和军队有关部门按照职责分工，密切配合，加强协调，依法做好有关工作。"

为了适应改革开放形势下国家安全工作的需要，确保国家安全和加强反间谍工作，加强对国家安全工作的领导，1993年，我国制定国家安全法，明确规定国家安全机关是国家安全工作的主管机关。2014年，以国家安全法为基础，制定反间谍法，将原来规定的"国家安全工作的主管机关"

修改为"反间谍工作的主管机关"。间谍行为会渗透到政治、经济、军事、社会管理的各个方面,反间谍工作必然涉及各个方面的工作。公安、保密等有关部门和军队有关部门都应当从全局出发,按照法律和相关规定作出的职责分工,各司其职,在做好各自职责领域内工作的同时,互相支持,互通情况,密切配合,共同做好维护国家安全的工作。

9 我国反间谍安全防范工作主要由谁负责？

《反间谍法》第七条第二款规定，一切国家机关和武装力量、各政党和各人民团体、企业事业组织和其他社会组织，都有防范、制止间谍行为，维护国家安全的义务。第十二条进一步明确了我国反间谍安全防范工作的主体：

（1）国家机关、人民团体、企业事业组织和其他社会组织承担本单位反间谍安全防范工作的主体责任，落实反间谍安全防范措施，对本单位的人员进行维护国家安全的教育，动员、组织本单位的人员防范、制止间谍行为。

（2）地方各级人民政府、相关行业主管部门按照职责分工，管理本行政区域、本行业有关反间谍安全防范工作。

（3）国家安全机关依法协调指导、监督检查反间谍安全防范工作。

10 | 行业主管部门应当履行哪些反间谍安全防范监督管理责任？

根据《反间谍安全防范工作规定》第七条的规定，行业主管部门应当履行下列反间谍安全防范监督管理责任：

（1）根据主管行业特点，明确本行业反间谍安全防范工作要求；

（2）配合国家安全机关制定主管行业反间谍安全防范重点单位名录、开展反间谍安全防范工作；

（3）指导、督促主管行业所属重点单位履行反间谍安全防范义务；

（4）其他应当履行的反间谍安全防范行业管理责任。

此外，有关行业主管部门还应当与国家安全机关建立健全反间谍安全防范协作机制，加强信息互通、情况会商、协同指导、联合督查，共同做好反间谍安全防范工作。

11 | 落实反间谍安全防范主体责任,要履行哪些义务?

根据《反间谍安全防范工作规定》第八条的规定,机关、团体、企业事业组织和其他社会组织应当落实反间谍安全防范主体责任,履行下列义务:

(1)开展反间谍安全防范教育、培训,提高本单位人员的安全防范意识和应对能力;

(2)加强本单位反间谍安全防范管理,落实有关安全防范措施;

(3)及时向国家安全机关报告涉及间谍行为和其他危害国家安全行为的可疑情况;

(4)为国家安全机关依法执行任务提供便利

或者其他协助；

（5）妥善应对和处置涉及本单位和本单位人员的反间谍安全防范突发情况；

（6）其他应当履行的反间谍安全防范义务。

12 公民在反间谍工作中负有哪些义务?

国家安全是全国各民族人民的根本利益之所在。珍惜祖国的荣誉,维护国家安全和利益,是每个公民的神圣职责。《宪法》第五十四条规定:"中华人民共和国公民有维护祖国的安全、荣誉和利益的义务,不得有危害祖国的安全、荣誉和利益的行为。"

近年来,在对外交往日益增多,尤其是信息技术大发展的背景下,我国反间谍任务更为艰巨,也对做好反间谍工作提出了更高的要求。但是,仍然有一些公民防范意识不足、警惕性不强,为境外的间谍组织等敌对势力从事危害国家安全的活动提供了可乘之机，这将严重地危害和妨碍反间谍工作，也与宪法规定的公民义务背道而驰。

为此，《反间谍法》第七条第一款规定："中华人民共和国公民有维护国家的安全、荣誉和利益的义务，不得有危害国家的安全、荣誉和利益的行为。"第八条规定："任何公民和组织都应当依法支持、协助反间谍工作，保守所知悉的国家秘密和反间谍工作秘密。"第三十二条规定："在国家安全机关调查了解有关间谍行为的情况、收集有关证据时，有关个人和组织应当如实提供，不得拒绝。"反间谍法的这些规定，对于动员公民认真履行法定义务，支持国家安全机关维护国家安全，做好反间谍工作具有重要意义。

13 哪些情形属于在反间谍工作中做出重大贡献?

《反间谍法》第九条规定,国家对支持、协助反间谍工作的个人和组织给予保护。对举报间谍行为或者在反间谍工作中做出重大贡献的个人和组织,按照国家有关规定给予表彰和奖励。

《反间谍法实施细则》第十六条进一步对"重大贡献"的含义作出了细化规定:

(1) 为国家安全机关提供重要线索,发现、破获严重危害国家安全的犯罪案件的;

(2) 为国家安全机关提供重要情况,防范、制止严重危害国家安全的行为发生的;

（3）密切配合国家安全机关执行国家安全工作任务，表现突出的；

（4）为维护国家安全，与危害国家安全的犯罪分子进行斗争，表现突出的；

（5）在教育、动员、组织本单位的人员防范、制止危害国家安全行为的工作中，成绩显著的。

14 | 国家安全机关会对哪些反间谍行为给予表彰、奖励?

《反间谍安全防范工作规定》第二十条规定,对反间谍安全防范工作中取得显著成绩或者做出重大贡献的单位和个人,符合下列条件之一的,国家安全机关可以按照国家有关规定,会同有关部门、单位给予表彰、奖励:

(1) 提供重要情况或者线索,为国家安全机关发现、破获间谍案件或者其他危害国家安全案件,或者为有关单位防范、消除涉及国家安全的重大风险隐患或者现实危害发挥重要作用的;

(2) 密切配合国家安全机关执行任务,表现突出的；

（3）防范、制止间谍行为或者其他危害国家安全行为，表现突出的；

（4）主动采取措施，及时消除本单位涉及国家安全的重大风险隐患或者现实危害，挽回重大损失的；

（5）在反间谍安全防范工作中，有重大创新或者成效特别显著的；

（6）在反间谍安全防范工作中做出其他重大贡献的。

15 国家安全机关开展反间谍工作应当注意什么问题?

新修订的反间谍法全面贯彻习近平法治思想,注重把握妥善处理赋权与限权的关系,加强对行使公权力的监督制约;注重系统观念,立足我国反间谍工作实践,做好相关法律衔接,健全完善中国特色反间谍法律制度。根据《反间谍法》第十一条的规定,国家安全机关开展反间谍工作应当严格依法办事,不得超越职权、滥用职权,不得侵犯个人和组织的合法权益。

16 国家安全机关如何处理在反间谍工作中获取的个人信息？

根据《反间谍法》第十一条的规定，国家安全机关及其工作人员依法履行反间谍工作职责获取的个人和组织的信息，只能用于反间谍工作。对属于国家秘密、工作秘密、商业秘密和个人隐私、个人信息的，应当保密。

该规定与《个人信息保护法》第三十四条"国家机关为履行法定职责处理个人信息，应当依照法律、行政法规规定的权限、程序进行，不得超出履行法定职责所必需的范围和限度"的规定相衔接，着重强调对于反间谍工作中所获个人信息的法律保护。

17 | 国家主要通过哪些方式开展反间谍安全防范教育?

根据《反间谍法》第十三条的规定,首先,各级人民政府和有关部门应当组织开展反间谍安全防范宣传教育,将反间谍安全防范知识纳入教育、培训、普法宣传内容,增强全民反间谍安全防范意识和国家安全素养。

其次,新闻、广播、电视、文化、互联网信息服务等单位,应当面向社会有针对性地开展反间谍宣传教育。

最后,国家安全机关应当根据反间谍安全防范形势,指导有关单位开展反间谍宣传教育活动,提高防范意识和能力。

除此之外,国家安全机关还鼓励公民积极举报危害国家安全行为。根据《公民举报危害国家安全行为奖励办法》第七条的规定,国家安全机关会同宣传主管部门,协调和指导广播、电视、报刊、互联网等媒体对举报危害国家安全行为的渠道方式、典型案例、先进事迹等进行宣传,制作、刊登、播放有关公益广告、宣传教育节目或者其他宣传品,增强公民维护国家安全意识,提高公民举报危害国家安全行为的积极性、主动性。

18 专用间谍器材主要包括哪些？

《反间谍法》第十五条规定，任何个人和组织都不得非法生产、销售、持有、使用间谍活动特殊需要的专用间谍器材。专用间谍器材由国务院国家安全主管部门依照国家有关规定确认。

《反间谍法实施细则》第十八条第一款明确，"专用间谍器材"是指进行间谍活动特殊需要的下列器材：

（1）暗藏式窃听、窃照器材；

（2）突发式收发报机、一次性密码本、密写工具；

（3）用于获取情报的电子监听、截收器材；

（4）其他专用间谍器材。

19 | 公民发现间谍行为应该怎么做？

公民有维护祖国的安全、荣誉和利益的义务，应当自觉与危害国家安全的间谍行为作斗争。根据《反间谍法》第十六条第一款的规定，任何公民和组织发现间谍行为，应当及时向国家安全机关举报；向公安机关等其他国家机关、组织举报的，相关国家机关、组织应当立即移送国家安全机关处理。

此外，国家安全机关应当将受理举报的电话、信箱、网络平台等向社会公开，依法及时处理举报信息，并为举报人保密。《反间谍安全防范工作规定》第十八条明确，公民、组织可以通过国家安全机关12339举报受理电话、网络举报受理平台或者国家安全机关公布的其他举报方式,举报间谍行为和其他危害国家安全的行为,以及各类反间谍安全防范问题线索。

20 | 反间谍安全防范重点单位负有哪些职责？

《反间谍法》第十七条规定："国家建立反间谍安全防范重点单位管理制度。反间谍安全防范重点单位应当建立反间谍安全防范工作制度，履行反间谍安全防范工作要求，明确内设职能部门和人员承担反间谍安全防范职责。"

第十八条至第二十条进一步明确，反间谍安全防范重点单位应当：

（1）加强对工作人员反间谍安全防范的教育和管理，对离岗离职人员脱密期内履行反间谍安全防范义务的情况进行监督检查；

（2）加强对涉密事项、场所、载体等的日常安全防范管理，采取隔离加固、封闭管理、设置警戒等反间谍物理防范措施；

（3）按照反间谍技术防范的要求和标准，采取相应的技术措施和其他必要措施，加强对要害部门部位、网络设施、信息系统的反间谍技术防范。

21 国家安全机关工作人员依法执行反间谍工作任务时享有哪些职权？

根据《反间谍法》第二十四条至第二十六条的规定，国家安全机关工作人员依法执行反间谍工作任务时享有以下职权：

（1）依照规定出示工作证件，可以查验中国公民或者境外人员的身份证明，向有关个人和组织问询有关情况，对身份不明、有间谍行为嫌疑的人员，可以查看其随带物品。

（2）经设区的市级以上国家安全机关负责人批准，出示工作证件，可以查验有关个人和组织的电子设备、设施及有关程序、工具。查验中发现存在危害国家安全情形的,国家安全机关应当责令其采取措施立即整改。拒绝整改或者整改后仍存在危害国家安全隐患的,可以予以查封、扣押。对依照上述规定查封、扣押的电子设备、设施及有关程序、工具,在危害国家安全的情形消除后,国家安全机关应当及时解除查封、扣押。

(3)根据国家有关规定,经设区的市级以上国家安全机关负责人批准,可以查阅、调取有关的文件、数据、资料、物品,有关个人和组织应当予以配合。查阅、调取不得超出执行反间谍工作任务所需的范围和限度。

22 | 国家安全机关可以口头传唤违反反间谍法的人员吗？

可以，根据《反间谍法》第二十七条的规定，需要传唤违反反间谍法的人员接受调查的，经国家安全机关办案部门负责人批准，使用传唤证传唤。对现场发现的违反反间谍法的人员，国家安全机关工作人员依照规定出示工作证件，可以口头传唤，但应当在询问笔录中注明。传唤的原因和依据应当告知被传唤人。对无正当理由拒不接受传唤或者逃避传唤的人，可以强制传唤。

23 | 国家安全机关询问查证被传唤人时有时间和地点的要求吗?

根据《反间谍法》第二十七条的规定,国家安全机关应当在被传唤人所在市、县内的指定地点或者其住所进行询问。

国家安全机关对被传唤人应当及时询问查证。询问查证的时间不得超过八小时;情况复杂,可能适用行政拘留或者涉嫌犯罪的,询问查证的时间不得超过二十四小时。国家安全机关应当为被传唤人提供必要的饮食和休息时间。严禁连续传唤。

24 被传唤人家属有权知道其被传唤了吗?

被传唤人家属享有知情权,有权及时获知传唤原因。根据《反间谍法》第二十七条的规定,除无法通知或者可能妨碍调查的情形以外,国家安全机关应当及时将传唤的原因通知被传唤人家属。在上述情形消失后,应当立即通知被传唤人家属。

25 | 国家安全机关调查间谍行为时享有哪些职权？

根据《反间谍法》第二十八条至第三十条的规定，国家安全机关调查间谍行为时享有以下职权：

（1）经设区的市级以上国家安全机关负责人批准，可以依法对涉嫌间谍行为的人身、物品、场所进行检查。检查女性身体的，应当由女性工作人员进行。

（2）经设区的市级以上国家安全机关负责人批准，可以查询涉嫌间谍行为人员的相关财产信息。

（3）经设区的市级以上国家安全机关负责人

批准，可以对涉嫌用于间谍行为的场所、设施或者财物依法查封、扣押、冻结；不得查封、扣押、冻结与被调查的间谍行为无关的场所、设施或者财物。

26 | 国家安全机关调查间谍行为时应当遵守哪些程序?

根据《反间谍法》第三十一条的规定,国家安全机关工作人员调查间谍行为时应当严格遵守法定程序:

(1)在反间谍工作中采取查阅、调取、传唤、检查、查询、查封、扣押、冻结等措施,应当由二人以上进行,依照有关规定出示工作证件及相关法律文书,并由相关人员在有关笔录等书面材料上签名、盖章。

(2)进行检查、查封、扣押等重要取证工作,应当对全过程进行录音录像,留存备查。

27 在何种情形下可以对涉嫌间谍行为人员采取出入境限制措施?

根据《反间谍法》第三十三条至第三十五条的规定,对涉嫌间谍行为人员采取出入境限制措施的情形主要包括:

(1)对出境后可能对国家安全造成危害,或者对国家利益造成重大损失的中国公民,国务院国家安全主管部门可以决定其在一定期限内不准出境,并通知移民管理机构。

(2)对涉嫌间谍行为人员,省级以上国家安全机关可以通知移民管理机构不准其出境。

（3）对入境后可能进行危害中华人民共和国国家安全活动的境外人员，国务院国家安全主管部门可以通知移民管理机构不准其入境。

（4）对国家安全机关通知不准出境或者不准入境的人员，移民管理机构应当按照国家有关规定执行；不准出境、入境情形消失的，国家安全机关应当及时撤销不准出境、入境决定，并通知移民管理机构。

28 国家安全机关发现涉及间谍行为的网络信息内容或者网络攻击等风险时应当如何处理？

《反间谍法》第三十六条规定，国家安全机关发现涉及间谍行为的网络信息内容或者网络攻击等风险，应当依照网络安全法规定的职责分工，及时通报有关部门，由其依法处置或者责令电信业务经营者、互联网服务提供者及时采取修复漏洞、加固网络防护、停止传输、消除程序和内容、暂停相关服务、下架相关应用、关闭相关网站等措施，保存相关记录。情况紧急，不立即采取措施将对国家安全造成严重危害的，由国家安全机关责令有关单位修复漏洞、停止相关传输、暂停相关服务，并通报有关部门。

《网络安全法》第八条规定了涉及网络安全工作的职责分工：国家网信部门负责统筹协调网络安全工作和相关监督管理工作。国务院电信主管部门、公安部门和其他有关机关依照网络安全法和有关法律、行政法规的规定，在各自职责范围内负责网络安全保护和监督管理工作。

29 国家安全机关在什么情况下可以采取技术侦查措施和身份保护措施?

《反间谍法》第三十七条规定,国家安全机关因反间谍工作需要,根据国家有关规定,经过严格的批准手续,可以采取技术侦察措施和身份保护措施。

采取技术侦察措施和身份保护措施的适用条件是"因反间谍工作需要",这意味着,第一,对象必须是与间谍行为有关的人;第二,技术侦察措施必须是在侦察间谍行为时才能使用,范围仅限于与间谍行为有关的人活动的场所、使用的通讯、交通工具以及间谍行为发生地等，对与间谍行为无关的人、场所、通信、交通工具不能使用这一措施；第三，必须是在确有必要的情况下才能使用。

采取技术侦察措施和身份保护措施的程序要求是"根据国家有关规定，经过严格的批准手续"，其中，"国家有关规定"是指宪法、刑事诉讼法、反间谍法和其他法律，行政法规以及其他有关国家规定。"经过严格的批准手续"包括两层含义，一是指制定的审批程序应该严格。二是指批准采取技术侦察措施和身份保护措施时应该严格要求。

30 | 国家安全机关工作人员在依法履行职责时,可以得到哪些协助?

国家安全机关担负着防范、制止、打击间谍活动,维护国家安全和利益的重要任务,在执行任务时,往往需要得到一定的协助和支持,给其开展工作提供便利。

《反间谍法》第四十一条规定,国家安全机关依法调查间谍行为,邮政、快递等物流运营单位和电信业务经营者、互联网服务提供者应当提供必要的支持和协助。

另外,由于反间谍工作绝大多数是在隐蔽战线上开展的，有许多情况不允许向执行检查任务的机关具体说明，更不宜进行例行的检查，否则可能造成失密，妨碍反间谍工作的顺利进行。为此，《反间谍法》第四十五条规定，国家安全机关因反间谍工作需要，根据国家有关规定，可以提请海关、移民管理等检查机关对有关人员提供通关便利，对有关资料、器材等予以免检。有关检查机关应当依法予以协助。

31 | 国家安全机关因反间谍工作需要可以优先使用他人的交通工具吗?

根据《反间谍法》第四十四条的规定,国家安全机关因反间谍工作需要,根据国家有关规定,可以优先使用国家机关、人民团体、企业事业组织和其他社会组织以及个人的交通工具。

其中,"优先使用"是指国家机关、人民团体、企业事业组织和其他社会组织以及个人,在国家安全机关因反间谍工作需要,提出要求时,应当优先保障其使用相关交通工具。

32 | 国家安全机关因反间谍工作需要可以依法征用吗?

《宪法》第十三条第三款规定,国家为了公共利益的需要,可以依照法律规定对公民的私有财产实行征收或者征用并给予补偿。根据《反间谍法》第四十四条的规定,国家安全机关因反间谍工作需要,可以依法征用国家机关、人民团体、企业事业组织和其他社会组织以及个人的通信工具、场地和建筑物等,必要时可以设置相关工作场所和设施设备,任务完成后应当及时归还或者恢复原状,并依照规定支付相应费用;造成损失的,应当给予补偿。

依法征用具有强制性，无须财产所有人、管理人同意。当然，征用是为了维护国家利益，开展反间谍工作，因此，对财产被征用的组织和个人，国家安全机关应该依照规定支付费用，若私人财产受到损失的，还应根据规定给予补偿。

33 ｜ 国家安全机关工作人员在执行紧急任务时是否享有通行便利？

《反间谍法》第四十二条规定，国家安全机关工作人员因执行紧急任务需要，经出示工作证件，享有优先乘坐公共交通工具、优先通行等通行便利。

"执行紧急任务"是行使优先权的前提条件。这里所说的"紧急任务"是指时间特别紧急，按照正常的方式、途径、程序就有可能耽误反间谍工作的情况，如必须紧急赶赴现场，传递紧急重要情报，追捕、跟踪嫌疑人等。是否紧急应根据任务的具体情况进行判定。

"优先乘坐公共交通工具"包括优先购票或者不购票出示证件即可优先乘坐的情况,其中公共交通工具主要是指从事旅客运输的公共汽车、出租车、地铁、火车、船只、飞机等各种公共交通工具。优先乘坐并非免费乘坐,事后仍应按照有关规定予以补票或者予以相应的补偿。

34 | 国家安全机关工作人员在什么情况下可以进入有关场所执行任务？

《反间谍法》第四十三条规定，国家安全机关工作人员依法执行任务时，依照规定出示工作证件，可以进入有关场所、单位。

35 | 国家安全机关工作人员执行任务时,可以进入限制进入的场所吗?

根据《反间谍法》第四十三条的规定,国家安全机关工作人员依法执行任务时,经过批准,出示工作证件,可以进入限制进入的有关地区、场所、单位,以便更好地开展工作,与间谍行为作斗争。比如,边境管理区、边境禁区、海防工作区、海上禁区等边防区域;军事禁区、军事基地、军工企业等与国防有关的军事设施和军事单位;与国计民生和社会稳定、国家利益和公共安全关系重大的单位,如重要的科研机构、金融机构、造币企业、核电站、金库、弹药库、麻醉药品库、油库等；其他依照国家有关部门的规定限制进入的场所、单位，如国家档案管理机构、机场隔离区、港口出入境检查通道等。

36 | 国家为参与反间谍工作的相关人员提供哪些人身保护？

《反间谍法》第四十六条规定，国家安全机关工作人员因执行任务，或者个人因协助执行反间谍工作任务，本人或者其近亲属的人身安全受到威胁时，国家安全机关应当会同有关部门依法采取必要措施，予以保护、营救。

个人因支持、协助反间谍工作，本人或者其近亲属的人身安全面临危险的，可以向国家安全机关请求予以保护。国家安全机关应当会同有关部门依法采取保护措施。

国家安全机关在进行反间谍工作时,要通过相关知情的个人了解情况或者取证。间谍分子在进行间谍等破坏活动时,必然要留下蛛丝马迹,那些知悉他们行踪或者有关信息的人,往往成为破获间谍行为的重要渠道和突破口,甚至成为追究犯罪分子的证人。一方面,他们为反间谍工作提供了协助,理应受到国家的保护;另一方面,这些人员由于掌握间谍分子的有关情况和信息,是很重要的证人,更要采取保护措施,不能让间谍分子杀人灭口、毁灭证据的阴谋得逞。

37 个人参加反间谍工作面临危险的,其近亲属可以向国家安全机关请求保护吗?

除了参与反间谍工作的个人会面临危险,其近亲属也往往成为间谍敌对势力、间谍组织威胁、恐吓、打击报复的对象,致使其人身安全处于危险境地,因此,《反间谍法》第四十六条将近亲属也纳入保护范围。

38 | 因支持反间谍工作而遭受财产损失的,国家会补偿吗?

根据《反间谍法》第四十六条的规定,个人和组织因支持、协助反间谍工作导致财产损失的,根据国家有关规定给予补偿。

39 | 哪些部门有责任对反间谍工作人员进行安置或抚恤？

《反间谍法》第四十七条规定，对为反间谍工作做出贡献并需要安置的人员，国家给予妥善安置。公安、民政、财政、卫生健康、教育、人力资源和社会保障、退役军人事务、医疗保障、移民管理等有关部门以及国有企业事业单位应当协助国家安全机关做好安置工作。

40 | 在反间谍工作中牺牲的人可以享有抚恤优待吗？

《反间谍法》第四十八条规定，对因开展反间谍工作或者支持、协助反间谍工作导致伤残或者牺牲、死亡的人员，根据国家有关规定给予相应的抚恤优待。

41 | 国家安全机关应当对工作人员进行哪些培训？

《反间谍法》第五十条规定，国家安全机关应当加强反间谍专业力量人才队伍建设和专业训练，提升反间谍工作能力。对国家安全机关工作人员应当有计划地进行政治、理论和业务培训。培训应当坚持理论联系实际、按需施教、讲求实效，提高专业能力。

42 | 国家安全机关应当如何对工作人员进行监督?

《反间谍法》第五十一条规定,国家安全机关应当严格执行内部监督和安全审查制度,对其工作人员遵守法律和纪律等情况进行监督,并依法采取必要措施,定期或者不定期进行安全审查。

43 | 个人和组织如何对国家安全机关及其工作人员的违法行为进行监督?

《反间谍法》第五十二条规定,任何个人和组织对国家安全机关及其工作人员超越职权、滥用职权和其他违法行为,都有权向上级国家安全机关或者监察机关、人民检察院等有关部门检举、控告。

其中,"超越职权",是指行使了法律、法规没有赋予的职权,"滥用职权"主要是指在行使法律规定的职权时,不正确行使,或者将反间谍工作中的职权用于他处,包括以权谋私和进行其他违法犯罪活动。

"其他违法行为"是在国家安全机关及其工作人员在反间谍工作中的其他违反法律规定，侵害公民、组织利益的行为，如刑讯逼供、采取不正当的强制措施、在执行任务中不出示相应证件等。

"检举"是指个人和组织对于自己发现或知悉的国家安全机关及其工作人员的违法行为向上级国家安全机关或者其他有关部门揭发、报告。

"控告"是指个人和组织将国家安全机关及其工作人员违背法律，侵犯自己合法权利的行为向上级国家安全机关、有关部门进行告发。

44 | 国家安全机关收到举报时,应该如何处理?

反间谍法将国家安全机关或者有关部门对检举、控告的处理程序及结果作出了明确规定。《反间谍法》第五十二条规定,受理检举、控告的国家安全机关或者监察机关、人民检察院等有关部门应当及时查清事实,依法处理,并将处理结果及时告知检举人、控告人。对支持、协助国家安全机关工作或者依法检举、控告的个人和组织,任何个人和组织不得压制和打击报复。

45 外国人可以对我国国家安全机关及其工作人员的违法行为进行监督吗?

《反间谍法》第五十二条规定的"任何个人和组织"包括一切中国、外国的公民,无国籍人和组织,既包括守法的个人和组织,也包括因违法受到追查的当事人。因此,外国人可以对我国国家安全机关及其工作人员的违法行为进行监督。

46 实施间谍行为的，在哪些情况下可以从宽处罚？

《反间谍法》第五十五条规定：（1）实施间谍行为，有自首或者立功表现的，可以从轻、减轻或者免除处罚；有重大立功表现的，给予奖励。（2）在境外受胁迫或者受诱骗参加间谍组织、敌对组织，从事危害中华人民共和国国家安全的活动，及时向中华人民共和国驻外机构如实说明情况，或者入境后直接或者通过所在单位及时向国家安全机关如实说明情况，并有悔改表现的，可以不予追究。

对于有自首或者立功表现的，可以从轻、减轻或者免除处罚。至于到底是从轻、减轻还是免除处罚，需要结合犯罪情况以及自首、立功的具体情节予以确定。对于极少数间谍犯罪行为严重，需要严厉处罚的，也可以不从宽处罚。

"有重大立功表现的，给予奖励"，这是针对间谍工作的特殊性所作出的专门规定。为了反间谍工作的需要，鼓励间谍犯罪分子弃暗投明，改恶从善，为我所用，积极进行重大立功，《反间谍法》第五十五条规定对于重大立功表现的，在可以从轻、减轻或者免除处罚的同时，还要对立功者给予精神或者物质上的奖励。需要注意的是，这里的给予奖励是应当给予奖励，而不是可以给予奖励，也可以不给予奖励。至于如何奖励，可由国家安全工作的主管机关根据上述规定和立功的具体情节和实际情况确定。

47 | 未按照要求履行反间谍安全防范义务的，会有哪些后果？

《反间谍法》第五十六条规定，国家机关、人民团体、企业事业组织和其他社会组织未按照反间谍法规定履行反间谍安全防范义务的，国家安全机关可以责令改正；未按照要求改正的，国家安全机关可以约谈相关负责人，必要时可以将约谈情况通报该单位上级主管部门；产生危害后果或者不良影响的，国家安全机关可以予以警告、通报批评；情节严重的，对负有责任的领导人员和直接责任人员，由有关部门依法予以处分。

48 | 不配合国家安全机关调取数据的，会受到什么处罚？

《反间谍法》第五十九条规定，拒不配合数据调取的，由国家安全机关依照数据安全法的有关规定予以处罚。

《数据安全法》第三十五条规定，公安机关、国家安全机关因依法维护国家安全或者侦查犯罪的需要调取数据，应当按照国家有关规定，经过严格的批准手续，依法进行，有关组织、个人应当予以配合。第四十八条第一款进一步规定，违反《数据安全法》第三十五条规定，拒不配合数据调取的，由有关主管部门责令改正，给予警告，并处 5 万元以上 50 万元以下罚款，对直接负责的主管人员和其他直接责任人员处 1 万元以上 10 万元以下罚款。

49 | 国家安全机关应当如何处理查封、扣押、冻结的财物?

《反间谍法》第六十二条规定,国家安全机关对依照反间谍法查封、扣押、冻结的财物,应当妥善保管,并按照下列情形分别处理:

(1)涉嫌犯罪的,依照刑事诉讼法等有关法律的规定处理。比如《刑事诉讼法》第二编第二章第六节关于"查封、扣押物证、书证"的规定。

(2)尚不构成犯罪,有违法事实的,对依法应当没收的予以没收,依法应当销毁的予以销毁。

50 | 国家安全机关如何处理与案件无关的财产？

《反间谍法》第六十二条规定，没有违法事实的，或者与案件无关的，应当解除查封、扣押、冻结，并及时返还相关财物；造成损失的，应当依法予以赔偿。

《刑事诉讼法》第一百四十五条规定，对查封、扣押的财物、文件、邮件、电报或者冻结的存款、汇款、债券、股票、基金份额等财产，经查明确实与案件无关的，应当在三日以内解除查封、扣押、冻结，予以退还。

51 | 反间谍案件中的涉案财物应当如何处置?

《反间谍法》第六十三条规定,涉案财物符合下列情形之一的,应当依法予以追缴、没收,或者采取措施消除隐患:

(1)违法所得的财物及其孳息、收益,供实施间谍行为所用的本人财物;

(2)非法获取、持有的属于国家秘密的文件、数据、资料、物品;

(3)非法生产、销售、持有、使用的专用间谍器材。

第六十五条规定,国家安全机关依法收缴的罚款以及没收的财物,一律上缴国库。

52 境外人员违反反间谍法的，国务院国家安全主管部门可以如何处理？

"境外人员"，是指在我国国（边）境外居住的外国人、无国籍人，以及其他境外人员。

《反间谍法》第六十六条规定，境外人员违反反间谍法的，国务院国家安全主管部门可以决定限期出境，并决定其不准入境的期限。未在规定期限内离境的，可以遣送出境。对违反反间谍法的境外人员，国务院国家安全主管部门决定驱逐出境的，自被驱逐出境之日起十年内不准入境，国务院国家安全主管部门的处罚决定为最终决定。

53 | 国家安全机关作出行政处罚决定之前要告知当事人哪些事项?

《反间谍法》第六十七条规定,国家安全机关作出行政处罚决定之前,应当告知当事人拟作出的行政处罚内容及事实、理由、依据,以及当事人依法享有的陈述、申辩、要求听证等权利,并依照行政处罚法的有关规定实施。

54 当事人如果不服国家安全机关的处罚应该怎么办？

当事人对国家安全机关的处罚不服的，可以申请复议或者提起诉讼。具体而言，根据《反间谍法》第六十八条的规定，当事人对行政处罚决定、行政强制措施决定、行政许可决定不服的，可以自收到决定书之日起六十日内，依法申请复议；对复议决定不服的，可以自收到复议决定书之日起十五日内，依法向人民法院提起诉讼。

从实践中的情况看，不服国家安全机关对其作出的行政处罚决定、行政强制措施决定而申请复议的，主要有以下几种情况：

（1）原行政处罚决定、原行政强制措施决定认定的事实错误。例如：行政处罚或者行政强制措施的对象错误，误罚了案外人或者对与案件无关的财物采取了查封、扣押、冻结等措施。

（2）原行政处罚决定、原行政强制措施决定适用法律不当。

（3）原行政处罚决定、行政强制措施决定的作出不符合法定程序。

55 哪些是需要承担刑事责任的间谍行为?

《刑法》第一百一十条规定,有下列间谍行为之一,危害国家安全的,处十年以上有期徒刑或者无期徒刑;情节较轻的,处三年以上十年以下有期徒刑:

(1)参加间谍组织或者接受间谍组织及其代理人的任务的;

(2)为敌人指示轰击目标的。

第二部分 案例释法

1 国家机关工作人员及其家人如何避免境外间谍机构的"感情"拉拢?

案情简介

章某某,案发时任我国某涉外部门处长,在境外任职期间,某国间谍情报机关利用其妻子将章某某策反,在"感情"拉拢和金钱利诱下,章某某为该国间谍情报机关提供了大量工作机密。任职期满回国后,章某某仍与该国间谍情报机关频繁会面,并按对方要求提供了大量国家机密。最终,人民法院以间谍罪判处章某某死刑,判处其妻有期徒刑十年。

> **案例分析**

境外间谍机构除了会利用金钱对我方人员进行诱惑外,还会从其家人入手,利用"感情攻势"将其腐化。本案中的章某某是我国的国家机关工作人员,其在境外间谍情报机关的诱惑下为对方提供大量工作机密,属于《反间谍法》第四条中的"参加间谍组织或者接受间谍组织及其代理人的任务",是间谍行为。而章某某的妻子虽然不是国家机关工作人员,但其作为我国公民,也负有维护国家的安全、荣誉和利益的义务,不得有危害国家的安全、荣誉和利益的行为。两人与境外间谍人员相勾结,实施危害我国国家安全的行为,依照《反间谍法》第十条的规定,必须受到法律的追究。

国家机关工作人员及其家属,因掌握一定的国家秘密,很容易成为间谍机构的目标对象,其要有比普通人更高的反间谍意识。

> **法条链接**

《反间谍法》第四条、第十条

2 为境外间谍机构提供涉密文件是否属于间谍行为？

案情简介

韩某是新疆某地的一名普通基层公务员。他通过手机交友软件结识了一名网友，经常在网上向对方分享自己的生活，并不时抱怨自己的工资太低。对方随即称自己的堂哥陈某能够提供兼职，帮助其赚取外快。随后，陈某添加韩某为微信好友，并要求韩某提供当地的一些敏感信息，并承诺支付报酬。韩某应允后，陈某进一步以金钱为诱惑，指挥韩某搜集党政机关涉密文件。对方对韩某提供的文件资料极为重视，为确保安全，还专门对韩某进行了间谍培训，向其提供经费以及手机、SIM卡等通联工具。此时，韩某在已经明知对方系境外间谍情报机关人员的情况下，为获取高额报酬，仍铤而走险继续搜集提供涉密文件。案发后，人民法院审理查明，韩某先后向对方提供涉密文件资料19份，累计收取间谍经费12万余元。韩某最终因犯间谍罪被判处有期徒刑11年6个月，剥夺政治权利四年，并处没收个人财产5万元。

案例分析

在享受快捷便利的社交网络的同时，我们应提高防范意识，警惕别有用心之人利用网络技术伪装身份，以"交友""咨询""兼职"等名义搜集情报，或以博人眼球的方式造谣生事甚至危害国家安全。本案中的韩某轻信网络好友，向其提供国家秘密；且在认清对方身份后继续为其搜集提供涉密文件，严重危害了我国的国家安全，理应受到法律的追究。

法条链接

《反间谍法》第四条、第十条、第五十三条

3 拍摄城市风景照会泄露国家秘密吗？

案情简介

某日，一条招聘兼职咨询员的信息引起了刚到大连务工的赵某的注意。和赵某联系的是一个自称姓叶的女子，对方称自己是搞城市规划设计的，急需招聘兼职人员来帮她拍摄一些城市风景的照片，辅助她完成设计任务。工作的第一天，在叶某的指挥下，赵某先后来到大连的港口、造船厂周边拍摄照片，并记录下沿途的地理环境，通过手机发送给叶某。为了方便拍摄港口中停泊军舰进行维护的照片，叶某甚至还要求赵某到船厂周边的高层公寓租住，还称如果赵某找机会进入造船厂工作，每月还能获得更多的报酬。

但赵某此时已经意识到自己可能在从事危害国家安全的行为，因此选择在家人的陪同下向有关机关自首。

案例分析

赵某的行为虽然不是主观意图上的出卖国家信息，但其听从叶某的指挥拍摄港口、造船厂的行为，给境外不法分子提供了危害我国的国家安全的机会，已经属于我国《反间谍法》第四条中的"参加间谍组织或者接受间谍组织及其代理人的任务"。但根据《反间谍法》第五十五条第一款的规定，"实施间谍行为，有自首或者立功表现的，可以从轻、减轻或者免除处罚"，赵某主动向有关机关自首，可以及时止损，最大程度减轻对国家安全的危害。

法条链接

《反间谍法》第四条、第五十五条第一款

4 普通公民应如何配合国家安全机关的工作？

案情简介

某年，因工作需要，国家安全机关多次前往某餐厅开展工作，依法要求该餐厅副经理黄某某配合调查，同时告知其保守秘密的义务。不久后，国家安全机关发现，该餐厅配合调查的情况疑似被其他人员知悉掌握，为后续工作开展带来了严重不利影响。国家安全机关调查后证实，黄某某涉嫌泄露有关反间谍工作的国家秘密。

经鉴定，黄某某泄露内容系秘密级国家秘密。在确凿的证据面前，黄某某如实交代，其在明确被告知应保守国家秘密的情况下，先后两次故意对外泄露国家安全机关依法开展工作的情况。此外，在国家安全机关此前依法要求黄某某配合调查时，他还对办案人员故意隐瞒了其所知悉的情况。

案例分析

根据我国《反间谍法》第八条的规定，任何公民和组织都应当依法支持、协助反间谍工作，保守所知悉的国家秘密和反间谍工作秘密。而本案中的黄某某不仅没有协助国家安全机关办案，还故意隐瞒其所知悉的情况，泄露了有关反间谍工作的国家秘密。《反间谍法》第六十条规定，泄露有关反间谍工作的国家秘密，构成犯罪的，依法追究刑事责任；尚不构成犯罪的，由国家安全机关予以警告或者处十日以下行政拘留，可以并处3万元以下罚款。黄某某应当承担相应的法律责任。

法条链接

《反间谍法》第八条、第六十条

5 境外出差会被间谍机构盯上吗?

案情简介

某年,许某赴境外出差,在工作中结识了当地工作人员晋某。某日,晋某按照该国间谍情报机关指示,要求许某搜集中方掌握的涉及该国某事件的有关情况以及中方内部的考虑等信息。于是,许某按照要求,将搜集到的情报提供给对方。许某提供情报后,晋某指示他提供一个银行账号,然后以支付茶水费的名义向该账户汇款,许某就通过这种方式收受对方提供的经费。

案发后,经鉴定,许某向该国提供的情报涉及 5 项机密级国家秘密,国家安全机关依法对许某采取强制措施。最终，许某被人民法院以间谍罪追究刑事责任。

案例分析

本案中的许某在境外出差时结识晋某，按照晋某要求，向境外间谍机构提供国家秘密，视国家安全为无物。许某接受境外机构、组织、个人的资助或者指使，进行危害国家安全的间谍活动，已经构成了《反间谍法》第十条规定的"与境外机构、组织、个人相勾结"，必须受到法律追究。

当前国际交流活动频繁，境外出差人员应当有反间谍意识，警惕境外间谍机构及人员的渗透，不能向境外机构及人员提供国家秘密。

法条链接

《反间谍法》第十条

6 | 高精尖技术人才需承担较其他公民而言更严格的保密义务吗？

案情简介

周某主要从事高精尖通信技术研究。其赴国外某大学交流学习。期间，境外间谍人员多次约其见面，并表示为该国政府工作可支付报酬，周某默许同意。周某回国后，继续向对方出卖情报。案发前，周某为我国某高校副教授、硕士生导师，其所在实验室承担了众多国防军工单位和军队大量涉密研究项目。

国家安全机关根据有关线索将周某抓获后，经查，周某先后向境外间谍情报机关提供了大量国防军工重要涉密数据和文件资料，文件的泄露对我国国防军事安全利益造成了严重危害。周某最终被以间谍罪判处无期徒刑。

案例分析

本案中的周某属于国家培养的高科技人才，虽然其掌握的研究成果来源于自己的实验，但周某作为中国公民本身就负有维护国家安全、荣誉和利益的义务，且其科研成果系《反间谍法》第六十一条所称的"属于国家秘密的文件、数据、资料、物品"。其作为承担众多保密性强的研究项目的科研人员，自然负有更强的保密义务。但周某在境外时受到间谍人员的诱惑，出卖我国核心秘密，属于《反间谍法实施细则》第七条规定的"接受境外机构、组织、个人的资助或者指使，进行危害国家安全的间谍活动"。周某与境外间谍人员相勾结，实施危害我国国家安全的行为，依照《反间谍法》第十条的规定，必须受到法律的追究。

法条链接

《反间谍法》第十条、第六十一条

《反间谍法实施细则》第七条

7 在境外受到间谍组织威胁后应当如何自救？

案情简介

李某某是我国某边境城市国家机关副科级干部。某年，李某某陪同两名中方客户赴某国考察，在入关时，其被境外间谍情报机关人员带离盘问，并对其手机存储内容进行复制，询问其通讯录内联系人情况。随后，境外间谍人员以莫须有的理由强行对李某某开具行政处罚，并要求其签署为对方服务的保证书，否则不得离开。李某某迫于无奈，在胁迫之下签署了保证书。回国后，李某某第一时间向当地国家安全机关自首，如实讲述了其在境外被境外间谍情报机关胁迫策反全过程的情况。根据

《反间谍法》第五十五条第二款的规定，我国国家安全机关对李某某不予追究责任。

案例分析

本案中的李某某在境外受到生命安全威胁，被迫接受了境外间谍组织的任务，已经构成了《反间谍法》意义上的间谍行为，危害了国家安全。但是，李某某回国后第一时间选择向国家安全机关自首，坚定自身立场，承担保密责任，避免了自身生命安全与国家安全遭受进一步损失，根据《反间谍法》第五十五条第二款，"在境外受胁迫或者受诱骗参加间谍组织、敌对组织，从事危害中华人民共和国国家安全的活动，及时向中华人民共和国驻外机构如实说明情况，或者入境后直接或者通过所在单位及时向国家安全机关如实说明情况，并有悔改表现的，可以不予追究"的规定，可对李某某不予追究责任。

法条链接

《反间谍法》第五十五条第二款

附录 相关规定

中华人民共和国国家安全法

（2015年7月1日第十二届全国人民代表大会常务委员会第十五次会议通过　2015年7月1日中华人民共和国主席令第29号公布　自公布之日起施行）

目　　录

第一章　总　　则
第二章　维护国家安全的任务
第三章　维护国家安全的职责
第四章　国家安全制度
　第一节　一般规定
　第二节　情报信息
　第三节　风险预防、评估和预警
　第四节　审查监管
　第五节　危机管控
第五章　国家安全保障
第六章　公民、组织的义务和权利
第七章　附　　则

第一章　总　　则

第一条　为了维护国家安全，保卫人民民主专政的政权和中国特色社会主义制度，保护人民的根本利益，保障改革开放和社会主义现代化建设的顺利进行，实现中华民族伟大复兴，根据宪法，制定本法。

第二条 国家安全是指国家政权、主权、统一和领土完整、人民福祉、经济社会可持续发展和国家其他重大利益相对处于没有危险和不受内外威胁的状态,以及保障持续安全状态的能力。

第三条 国家安全工作应当坚持总体国家安全观,以人民安全为宗旨,以政治安全为根本,以经济安全为基础,以军事、文化、社会安全为保障,以促进国际安全为依托,维护各领域国家安全,构建国家安全体系,走中国特色国家安全道路。

第四条 坚持中国共产党对国家安全工作的领导,建立集中统一、高效权威的国家安全领导体制。

第五条 中央国家安全领导机构负责国家安全工作的决策和议事协调,研究制定、指导实施国家安全战略和有关重大方针政策,统筹协调国家安全重大事项和重要工作,推动国家安全法治建设。

第六条 国家制定并不断完善国家安全战略,全面评估国际、国内安全形势,明确国家安全战略的指导方针、中长期目标、重点领域的国家安全政策、工作任务和措施。

第七条 维护国家安全,应当遵守宪法和法律,坚持社会主义法治原则,尊重和保障人权,依法保护公民的权利和自由。

第八条 维护国家安全,应当与经济社会发展相协调。

国家安全工作应当统筹内部安全和外部安全、国土安全和国民安全、传统安全和非传统安全、自身安全和共同安全。

第九条 维护国家安全,应当坚持预防为主、标本兼治,专门工作与群众路线相结合,充分发挥专门机关和其他有关机关维护国家安全的职能作用,广泛动员公民和组织,防范、制止和依法惩治危害国家安全的行为。

第十条 维护国家安全,应当坚持互信、互利、平等、协作,积极同外国政府和国际组织开展安全交流合作,履行国际安全义务，促进共同安全，维护世界和平。

第十一条 中华人民共和国公民、一切国家机关和武装力量、各政党和各人民团体、企业事业组织和其他社会组织，都有维护国家安全的责任和义务。

中国的主权和领土完整不容侵犯和分割。维护国家主权、统一和领土完整是包括港澳同胞和台湾同胞在内的全中国人民的共同义务。

第十二条 国家对在维护国家安全工作中作出突出贡献的个人和组织给予表彰和奖励。

第十三条 国家机关工作人员在国家安全工作和涉及国家安全活动中，滥用职权、玩忽职守、徇私舞弊的，依法追究法律责任。

任何个人和组织违反本法和有关法律，不履行维护国家安全义务或者从事危害国家安全活动的，依法追究法律责任。

第十四条 每年4月15日为全民国家安全教育日。

第二章 维护国家安全的任务

第十五条 国家坚持中国共产党的领导，维护中国特色社会主义制度，发展社会主义民主政治，健全社会主义法治，强化权力运行制约和监督机制，保障人民当家作主的各项权利。

国家防范、制止和依法惩治任何叛国、分裂国家、煽动叛乱、颠覆或者煽动颠覆人民民主专政政权的行为；防范、制止和依法惩治窃取、泄露国家秘密等危害国家安全的行为；防范、制止和依法惩治境外势力的渗透、破坏、颠覆、分裂活动。

第十六条 国家维护和发展最广大人民的根本利益，保卫人民安全，创造良好生存发展条件和安定工作生活环境，保障公民的生命财产安全和其他合法权益。

第十七条　国家加强边防、海防和空防建设，采取一切必要的防卫和管控措施，保卫领陆、内水、领海和领空安全，维护国家领土主权和海洋权益。

第十八条　国家加强武装力量革命化、现代化、正规化建设，建设与保卫国家安全和发展利益需要相适应的武装力量；实施积极防御军事战略方针，防备和抵御侵略，制止武装颠覆和分裂；开展国际军事安全合作，实施联合国维和、国际救援、海上护航和维护国家海外利益的军事行动，维护国家主权、安全、领土完整、发展利益和世界和平。

第十九条　国家维护国家基本经济制度和社会主义市场经济秩序，健全预防和化解经济安全风险的制度机制，保障关系国民经济命脉的重要行业和关键领域、重点产业、重大基础设施和重大建设项目以及其他重大经济利益安全。

第二十条　国家健全金融宏观审慎管理和金融风险防范、处置机制，加强金融基础设施和基础能力建设，防范和化解系统性、区域性金融风险，防范和抵御外部金融风险的冲击。

第二十一条　国家合理利用和保护资源能源，有效管控战略资源能源的开发，加强战略资源能源储备，完善资源能源运输战略通道建设和安全保护措施，加强国际资源能源合作，全面提升应急保障能力，保障经济社会发展所需的资源能源持续、可靠和有效供给。

第二十二条　国家健全粮食安全保障体系，保护和提高粮食综合生产能力，完善粮食储备制度、流通体系和市场调控机制，健全粮食安全预警制度，保障粮食供给和质量安全。

第二十三条　国家坚持社会主义先进文化前进方向，继承和弘扬中华民族优秀传统文化，培育和践行社会主义核心价值观，防范和抵制不良文化的影响，掌握意识形态领域主导权，增强文化整体实力和竞争力。

第二十四条 国家加强自主创新能力建设，加快发展自主可控的战略高新技术和重要领域核心关键技术，加强知识产权的运用、保护和科技保密能力建设，保障重大技术和工程的安全。

第二十五条 国家建设网络与信息安全保障体系，提升网络与信息安全保护能力，加强网络和信息技术的创新研究和开发应用，实现网络和信息核心技术、关键基础设施和重要领域信息系统及数据的安全可控；加强网络管理，防范、制止和依法惩治网络攻击、网络入侵、网络窃密、散布违法有害信息等网络违法犯罪行为，维护国家网络空间主权、安全和发展利益。

第二十六条 国家坚持和完善民族区域自治制度，巩固和发展平等团结互助和谐的社会主义民族关系。坚持各民族一律平等，加强民族交往、交流、交融，防范、制止和依法惩治民族分裂活动，维护国家统一、民族团结和社会和谐，实现各民族共同团结奋斗、共同繁荣发展。

第二十七条 国家依法保护公民宗教信仰自由和正常宗教活动，坚持宗教独立自主自办的原则，防范、制止和依法惩治利用宗教名义进行危害国家安全的违法犯罪活动，反对境外势力干涉境内宗教事务，维护正常宗教活动秩序。

国家依法取缔邪教组织，防范、制止和依法惩治邪教违法犯罪活动。

第二十八条 国家反对一切形式的恐怖主义和极端主义，加强防范和处置恐怖主义的能力建设，依法开展情报、调查、防范、处置以及资金监管等工作，依法取缔恐怖活动组织和严厉惩治暴力恐怖活动。

第二十九条　国家健全有效预防和化解社会矛盾的体制机制，健全公共安全体系，积极预防、减少和化解社会矛盾，妥善处置公共卫生、社会安全等影响国家安全和社会稳定的突发事件，促进社会和谐，维护公共安全和社会安定。

第三十条　国家完善生态环境保护制度体系，加大生态建设和环境保护力度，划定生态保护红线，强化生态风险的预警和防控，妥善处置突发环境事件，保障人民赖以生存发展的大气、水、土壤等自然环境和条件不受威胁和破坏，促进人与自然和谐发展。

第三十一条　国家坚持和平利用核能和核技术，加强国际合作，防止核扩散，完善防扩散机制，加强对核设施、核材料、核活动和核废料处置的安全管理、监管和保护，加强核事故应急体系和应急能力建设，防止、控制和消除核事故对公民生命健康和生态环境的危害，不断增强有效应对和防范核威胁、核攻击的能力。

第三十二条　国家坚持和平探索和利用外层空间、国际海底区域和极地，增强安全进出、科学考察、开发利用的能力，加强国际合作，维护我国在外层空间、国际海底区域和极地的活动、资产和其他利益的安全。

第三十三条　国家依法采取必要措施，保护海外中国公民、组织和机构的安全和正当权益，保护国家的海外利益不受威胁和侵害。

第三十四条　国家根据经济社会发展和国家发展利益的需要，不断完善维护国家安全的任务。

第三章　维护国家安全的职责

第三十五条　全国人民代表大会依照宪法规定，决定战争和和平的问题，行使宪法规定的涉及国家安全的其他职权。

全国人民代表大会常务委员会依照宪法规定，决定战争状态的宣布，决定全国总动员或者局部动员，决定全国或者个别省、自治区、直辖市进入紧急状态，行使宪法规定的和全国人民代表大会授予的涉及国家安全的其他职权。

第三十六条 中华人民共和国主席根据全国人民代表大会的决定和全国人民代表大会常务委员会的决定，宣布进入紧急状态，宣布战争状态，发布动员令，行使宪法规定的涉及国家安全的其他职权。

第三十七条 国务院根据宪法和法律，制定涉及国家安全的行政法规，规定有关行政措施，发布有关决定和命令；实施国家安全法律法规和政策；依照法律规定决定省、自治区、直辖市的范围内部分地区进入紧急状态；行使宪法法律规定的和全国人民代表大会及其常务委员会授予的涉及国家安全的其他职权。

第三十八条 中央军事委员会领导全国武装力量，决定军事战略和武装力量的作战方针，统一指挥维护国家安全的军事行动，制定涉及国家安全的军事法规，发布有关决定和命令。

第三十九条 中央国家机关各部门按照职责分工，贯彻执行国家安全方针政策和法律法规，管理指导本系统、本领域国家安全工作。

第四十条 地方各级人民代表大会和县级以上地方各级人民代表大会常务委员会在本行政区域内，保证国家安全法律法规的遵守和执行。

地方各级人民政府依照法律法规规定管理本行政区域内的国家安全工作。

香港特别行政区、澳门特别行政区应当履行维护国家安全的责任。

第四十一条 人民法院依照法律规定行使审判权，人民检察院依照法律规定行使检察权，惩治危害国家安全的犯罪。

第四十二条 国家安全机关、公安机关依法搜集涉及国家安全的情报信息，在国家安全工作中依法行使侦查、拘留、预审和执行逮捕以及法律规定的其他职权。

有关军事机关在国家安全工作中依法行使相关职权。

第四十三条 国家机关及其工作人员在履行职责时，应当贯彻维护国家安全的原则。

国家机关及其工作人员在国家安全工作和涉及国家安全活动中，应当严格依法履行职责，不得超越职权、滥用职权，不得侵犯个人和组织的合法权益。

第四章 国家安全制度

第一节 一般规定

第四十四条 中央国家安全领导机构实行统分结合、协调高效的国家安全制度与工作机制。

第四十五条 国家建立国家安全重点领域工作协调机制，统筹协调中央有关职能部门推进相关工作。

第四十六条 国家建立国家安全工作督促检查和责任追究机制，确保国家安全战略和重大部署贯彻落实。

第四十七条 各部门、各地区应当采取有效措施，贯彻实施国家安全战略。

第四十八条 国家根据维护国家安全工作需要，建立跨部门会商工作机制，就维护国家安全工作的重大事项进行会商研判，提出意见和建议。

第四十九条 国家建立中央与地方之间、部门之间、军地之间以及地区之间关于国家安全的协同联动机制。

第五十条 国家建立国家安全决策咨询机制，组织专家和有关方面开展对国家安全形势的分析研判，推进国家安全的科学决策。

第二节 情报信息

第五十一条 国家健全统一归口、反应灵敏、准确高效、运转顺畅的情报信息收集、研判和使用制度，建立情报信息工作协调机制，实现情报信息的及时收集、准确研判、有效使用和共享。

第五十二条 国家安全机关、公安机关、有关军事机关根据职责分工，依法搜集涉及国家安全的情报信息。

国家机关各部门在履行职责过程中，对于获取的涉及国家安全的有关信息应当及时上报。

第五十三条 开展情报信息工作，应当充分运用现代科学技术手段，加强对情报信息的鉴别、筛选、综合和研判分析。

第五十四条 情报信息的报送应当及时、准确、客观，不得迟报、漏报、瞒报和谎报。

第三节 风险预防、评估和预警

第五十五条 国家制定完善应对各领域国家安全风险预案。

第五十六条 国家建立国家安全风险评估机制，定期开展各领域国家安全风险调查评估。

有关部门应当定期向中央国家安全领导机构提交国家安全风险评估报告。

第五十七条 国家健全国家安全风险监测预警制度，根据国家安全风险程度，及时发布相应风险预警。

第五十八条 对可能即将发生或者已经发生的危害国家安全的事件，县级以上地方人民政府及其有关主管部门应当立即按照规定向上一级人民政府及其有关主管部门报告，必要时可以越级上报。

第四节　审查监管

第五十九条　国家建立国家安全审查和监管的制度和机制，对影响或者可能影响国家安全的外商投资、特定物项和关键技术、网络信息技术产品和服务、涉及国家安全事项的建设项目，以及其他重大事项和活动，进行国家安全审查，有效预防和化解国家安全风险。

第六十条　中央国家机关各部门依照法律、行政法规行使国家安全审查职责，依法作出国家安全审查决定或者提出安全审查意见并监督执行。

第六十一条　省、自治区、直辖市依法负责本行政区域内有关国家安全审查和监管工作。

第五节　危机管控

第六十二条　国家建立统一领导、协同联动、有序高效的国家安全危机管控制度。

第六十三条　发生危及国家安全的重大事件，中央有关部门和有关地方根据中央国家安全领导机构的统一部署，依法启动应急预案，采取管控处置措施。

第六十四条　发生危及国家安全的特别重大事件，需要进入紧急状态、战争状态或者进行全国总动员、局部动员的，由全国人民代表大会、全国人民代表大会常务委员会或者国务院依照宪法和有关法律规定的权限和程序决定。

第六十五条　国家决定进入紧急状态、战争状态或者实施国防动员后，履行国家安全危机管控职责的有关机关依照法律规定或者全国人民代表大会常务委员会规定，有权采取限制公民和组织权利、增加公民和组织义务的特别措施。

第六十六条 履行国家安全危机管控职责的有关机关依法采取处置国家安全危机的管控措施，应当与国家安全危机可能造成的危害的性质、程度和范围相适应；有多种措施可供选择的，应当选择有利于最大程度保护公民、组织权益的措施。

第六十七条 国家健全国家安全危机的信息报告和发布机制。

国家安全危机事件发生后，履行国家安全危机管控职责的有关机关，应当按照规定准确、及时报告，并依法将有关国家安全危机事件发生、发展、管控处置及善后情况统一向社会发布。

第六十八条 国家安全威胁和危害得到控制或者消除后，应当及时解除管控处置措施，做好善后工作。

第五章　国家安全保障

第六十九条 国家健全国家安全保障体系，增强维护国家安全的能力。

第七十条 国家健全国家安全法律制度体系，推动国家安全法治建设。

第七十一条 国家加大对国家安全各项建设的投入，保障国家安全工作所需经费和装备。

第七十二条 承担国家安全战略物资储备任务的单位，应当按照国家有关规定和标准对国家安全物资进行收储、保管和维护，定期调整更换，保证储备物资的使用效能和安全。

第七十三条 鼓励国家安全领域科技创新，发挥科技在维护国家安全中的作用。

第七十四条 国家采取必要措施，招录、培养和管理国家安全工作专门人才和特殊人才。

根据维护国家安全工作的需要，国家依法保护有关机关专门从事国家安全工作人员的身份和合法权益，加大人身保护和安置保障力度。

第七十五条 国家安全机关、公安机关、有关军事机关开展国家安全专门工作，可以依法采取必要手段和方式，有关部门和地方应当在职责范围内提供支持和配合。

第七十六条 国家加强国家安全新闻宣传和舆论引导，通过多种形式开展国家安全宣传教育活动，将国家安全教育纳入国民教育体系和公务员教育培训体系，增强全民国家安全意识。

第六章 公民、组织的义务和权利

第七十七条 公民和组织应当履行下列维护国家安全的义务：

（一）遵守宪法、法律法规关于国家安全的有关规定；

（二）及时报告危害国家安全活动的线索；

（三）如实提供所知悉的涉及危害国家安全活动的证据；

（四）为国家安全工作提供便利条件或者其他协助；

（五）向国家安全机关、公安机关和有关军事机关提供必要的支持和协助；

（六）保守所知悉的国家秘密；

（七）法律、行政法规规定的其他义务。

任何个人和组织不得有危害国家安全的行为，不得向危害国家安全的个人或者组织提供任何资助或者协助。

第七十八条 机关、人民团体、企业事业组织和其他社会组织应当对本单位的人员进行维护国家安全的教育，动员、组织本单位的人员防范、制止危害国家安全的行为。

第七十九条 企业事业组织根据国家安全工作的要求，应当配合有关部门采取相关安全措施。

第八十条 公民和组织支持、协助国家安全工作的行为受法律保护。

因支持、协助国家安全工作，本人或者其近亲属的人身安全面临危险的，可以向公安机关、国家安全机关请求予以保护。公安机关、国家安全机关应当会同有关部门依法采取保护措施。

第八十一条 公民和组织因支持、协助国家安全工作导致财产损失的，按照国家有关规定给予补偿；造成人身伤害或者死亡的，按照国家有关规定给予抚恤优待。

第八十二条 公民和组织对国家安全工作有向国家机关提出批评建议的权利，对国家机关及其工作人员在国家安全工作中的违法失职行为有提出申诉、控告和检举的权利。

第八十三条 在国家安全工作中，需要采取限制公民权利和自由的特别措施时，应当依法进行，并以维护国家安全的实际需要为限度。

第七章 附 则

第八十四条 本法自公布之日起施行。

中华人民共和国反间谍法

（2014年11月1日第十二届全国人民代表大会常务委员会第十一次会议通过 2023年4月26日第十四届全国人民代表大会常务委员会第二次会议修订 2023年4月26日中华人民共和国主席令第4号公布 自2023年7月1日起施行）

目 录

第一章 总 则
第二章 安全防范
第三章 调查处置
第四章 保障与监督
第五章 法律责任
第六章 附 则

第一章 总 则

第一条 为了加强反间谍工作，防范、制止和惩治间谍行为，维护国家安全，保护人民利益，根据宪法，制定本法。

第二条 反间谍工作坚持党中央集中统一领导，坚持总体国家安全观，坚持公开工作与秘密工作相结合、专门工作与群众路线相结合，坚持积极防御、依法惩治、标本兼治，筑牢国家安全人民防线。

第三条 反间谍工作应当依法进行，尊重和保障人权，保障个人和组织的合法权益。

第四条 本法所称间谍行为,是指下列行为:

(一)间谍组织及其代理人实施或者指使、资助他人实施,或者境内外机构、组织、个人与其相勾结实施的危害中华人民共和国国家安全的活动;

(二)参加间谍组织或者接受间谍组织及其代理人的任务,或者投靠间谍组织及其代理人;

(三)间谍组织及其代理人以外的其他境外机构、组织、个人实施或者指使、资助他人实施,或者境内机构、组织、个人与其相勾结实施的窃取、刺探、收买、非法提供国家秘密、情报以及其他关系国家安全和利益的文件、数据、资料、物品,或者策动、引诱、胁迫、收买国家工作人员叛变的活动;

(四)间谍组织及其代理人实施或者指使、资助他人实施,或者境内外机构、组织、个人与其相勾结实施针对国家机关、涉密单位或者关键信息基础设施等的网络攻击、侵入、干扰、控制、破坏等活动;

(五)为敌人指示攻击目标;

(六)进行其他间谍活动。

间谍组织及其代理人在中华人民共和国领域内,或者利用中华人民共和国的公民、组织或者其他条件,从事针对第三国的间谍活动,危害中华人民共和国国家安全的,适用本法。

第五条 国家建立反间谍工作协调机制,统筹协调反间谍工作中的重大事项,研究、解决反间谍工作中的重大问题。

第六条 国家安全机关是反间谍工作的主管机关。

公安、保密等有关部门和军队有关部门按照职责分工,密切配合,加强协调,依法做好有关工作。

第七条 中华人民共和国公民有维护国家的安全、荣誉和利益的义务，不得有危害国家的安全、荣誉和利益的行为。

一切国家机关和武装力量、各政党和各人民团体、企业事业组织和其他社会组织，都有防范、制止间谍行为，维护国家安全的义务。

国家安全机关在反间谍工作中必须依靠人民的支持，动员、组织人民防范、制止间谍行为。

第八条 任何公民和组织都应当依法支持、协助反间谍工作，保守所知悉的国家秘密和反间谍工作秘密。

第九条 国家对支持、协助反间谍工作的个人和组织给予保护。

对举报间谍行为或者在反间谍工作中做出重大贡献的个人和组织，按照国家有关规定给予表彰和奖励。

第十条 境外机构、组织、个人实施或者指使、资助他人实施的，或者境内机构、组织、个人与境外机构、组织、个人相勾结实施的危害中华人民共和国国家安全的间谍行为，都必须受到法律追究。

第十一条 国家安全机关及其工作人员在工作中，应当严格依法办事，不得超越职权、滥用职权，不得侵犯个人和组织的合法权益。

国家安全机关及其工作人员依法履行反间谍工作职责获取的个人和组织的信息，只能用于反间谍工作。对属于国家秘密、工作秘密、商业秘密和个人隐私、个人信息的，应当保密。

第二章 安全防范

第十二条 国家机关、人民团体、企业事业组织和其他社会组织承担本单位反间谍安全防范工作的主体责任，落实反间谍安全防范措施，对本单位的人员进行维护国家安全的教育，动员、组织本单位的人员防范、制止间谍行为。

地方各级人民政府、相关行业主管部门按照职责分工，管理本行政区域、本行业有关反间谍安全防范工作。

国家安全机关依法协调指导、监督检查反间谍安全防范工作。

第十三条 各级人民政府和有关部门应当组织开展反间谍安全防范宣传教育，将反间谍安全防范知识纳入教育、培训、普法宣传内容，增强全民反间谍安全防范意识和国家安全素养。

新闻、广播、电视、文化、互联网信息服务等单位，应当面向社会有针对性地开展反间谍宣传教育。

国家安全机关应当根据反间谍安全防范形势，指导有关单位开展反间谍宣传教育活动，提高防范意识和能力。

第十四条 任何个人和组织都不得非法获取、持有属于国家秘密的文件、数据、资料、物品。

第十五条 任何个人和组织都不得非法生产、销售、持有、使用间谍活动特殊需要的专用间谍器材。专用间谍器材由国务院国家安全主管部门依照国家有关规定确认。

第十六条 任何公民和组织发现间谍行为，应当及时向国家安全机关举报；向公安机关等其他国家机关、组织举报的，相关国家机关、组织应当立即移送国家安全机关处理。

国家安全机关应当将受理举报的电话、信箱、网络平台等向社会公开，依法及时处理举报信息，并为举报人保密。

第十七条 国家建立反间谍安全防范重点单位管理制度。

反间谍安全防范重点单位应当建立反间谍安全防范工作制度，履行反间谍安全防范工作要求，明确内设职能部门和人员承担反间谍安全防范职责。

第十八条 反间谍安全防范重点单位应当加强对工作人员反间谍安全防范的教育和管理，对离岗离职人员脱密期内履行反间谍安全防范义务的情况进行监督检查。

第十九条 反间谍安全防范重点单位应当加强对涉密事项、场所、载体等的日常安全防范管理，采取隔离加固、封闭管理、设置警戒等反间谍物理防范措施。

第二十条 反间谍安全防范重点单位应当按照反间谍技术防范的要求和标准，采取相应的技术措施和其他必要措施，加强对要害部门部位、网络设施、信息系统的反间谍技术防范。

第二十一条 在重要国家机关、国防军工单位和其他重要涉密单位以及重要军事设施的周边安全控制区域内新建、改建、扩建建设项目的，由国家安全机关实施涉及国家安全事项的建设项目许可。

县级以上地方各级人民政府编制国民经济和社会发展规划、国土空间规划等有关规划，应当充分考虑国家安全因素和划定的安全控制区域，征求国家安全机关的意见。

安全控制区域的划定应当统筹发展和安全，坚持科学合理、确有必要的原则，由国家安全机关会同发展改革、自然资源、住房城乡建设、保密、国防科技工业等部门以及军队有关部门共同划定，报省、自治区、直辖市人民政府批准并动态调整。

涉及国家安全事项的建设项目许可的具体实施办法，由国务院国家安全主管部门会同有关部门制定。

第二十二条 国家安全机关根据反间谍工作需要，可以会同有关部门制定反间谍技术防范标准，指导有关单位落实反间谍技术防范措施，对存在隐患的单位，经过严格的批准手续，可以进行反间谍技术防范检查和检测。

第三章 调查处置

第二十三条 国家安全机关在反间谍工作中依法行使本法和有关法律规定的职权。

第二十四条 国家安全机关工作人员依法执行反间谍工作任务时，依照规定出示工作证件，可以查验中国公民或者境外人员的身份证明，向有关个人和组织问询有关情况，对身份不明、有间谍行为嫌疑的人员，可以查看其随带物品。

第二十五条 国家安全机关工作人员依法执行反间谍工作任务时，经设区的市级以上国家安全机关负责人批准，出示工作证件，可以查验有关个人和组织的电子设备、设施及有关程序、工具。查验中发现存在危害国家安全情形的，国家安全机关应当责令其采取措施立即整改。拒绝整改或者整改后仍存在危害国家安全隐患的，可以予以查封、扣押。

对依照前款规定查封、扣押的电子设备、设施及有关程序、工具，在危害国家安全的情形消除后，国家安全机关应当及时解除查封、扣押。

第二十六条 国家安全机关工作人员依法执行反间谍工作任务时，根据国家有关规定，经设区的市级以上国家安全机关负责人批准，可以查阅、调取有关的文件、数据、资料、物品，有关个人和组织应当予以配合。查阅、调取不得超出执行反间谍工作任务所需的范围和限度。

第二十七条 需要传唤违反本法的人员接受调查的，经国家安全机关办案部门负责人批准，使用传唤证传唤。对现场发现的违反本法的人员，国家安全机关工作人员依照规定出示工作证件，可以口头传唤，但应当在询问笔录中注明。传唤的原因和依据应当告知被传唤人。对无正当理由拒不接受传唤或者逃避传唤的人，可以强制传唤。

国家安全机关应当在被传唤人所在市、县内的指定地点或者其住所进行询问。

国家安全机关对被传唤人应当及时询问查证。询问查证的时间不得超过八小时；情况复杂，可能适用行政拘留或者涉嫌犯罪的，询问查证的时间不得超过二十四小时。国家安全机关应当为被传唤人提供必要的饮食和休息时间。严禁连续传唤。

除无法通知或者可能妨碍调查的情形以外，国家安全机关应当及时将传唤的原因通知被传唤人家属。在上述情形消失后，应当立即通知被传唤人家属。

第二十八条 国家安全机关调查间谍行为，经设区的市级以上国家安全机关负责人批准，可以依法对涉嫌间谍行为的人身、物品、场所进行检查。

检查女性身体的，应当由女性工作人员进行。

第二十九条 国家安全机关调查间谍行为，经设区的市级以上国家安全机关负责人批准，可以查询涉嫌间谍行为人员的相关财产信息。

第三十条 国家安全机关调查间谍行为，经设区的市级以上国家安全机关负责人批准，可以对涉嫌用于间谍行为的场所、设施或者财物依法查封、扣押、冻结；不得查封、扣押、冻结与被调查的间谍行为无关的场所、设施或者财物。

第三十一条 国家安全机关工作人员在反间谍工作中采取查阅、调取、传唤、检查、查询、查封、扣押、冻结等措施，应当由二人以上进行，依照有关规定出示工作证件及相关法律文书，并由相关人员在有关笔录等书面材料上签名、盖章。

国家安全机关工作人员进行检查、查封、扣押等重要取证工作，应当对全过程进行录音录像，留存备查。

第三十二条 在国家安全机关调查了解有关间谍行为的情况、收集有关证据时，有关个人和组织应当如实提供，不得拒绝。

第三十三条 对出境后可能对国家安全造成危害，或者对国家利益造成重大损失的中国公民，国务院国家安全主管部门可以决定其在一定期限内不准出境，并通知移民管理机构。

对涉嫌间谍行为人员，省级以上国家安全机关可以通知移民管理机构不准其出境。

第三十四条 对入境后可能进行危害中华人民共和国国家安全活动的境外人员，国务院国家安全主管部门可以通知移民管理机构不准其入境。

第三十五条 对国家安全机关通知不准出境或者不准入境的人员，移民管理机构应当按照国家有关规定执行；不准出境、入境情形消失的，国家安全机关应当及时撤销不准出境、入境决定，并通知移民管理机构。

第三十六条 国家安全机关发现涉及间谍行为的网络信息内容或者网络攻击等风险，应当依照《中华人民共和国网络安全法》规定的职责分工，及时通报有关部门，由其依法处置或者责令电信业务经营者、互联网服务提供者及时采取修复漏洞、加固网络防护、停止传输、消除程序和内容、暂停相关服务、下架相关应用、关闭相关网站等措施，保存相关记录。情况紧急，不立即采取措施将对国家安全造成严重危害的，由国家安全机关责令有关单位修复漏洞、停止相关传输、暂停相关服务，并通报有关部门。

经采取相关措施，上述信息内容或者风险已经消除的，国家安全机关和有关部门应当及时作出恢复相关传输和服务的决定。

第三十七条　国家安全机关因反间谍工作需要，根据国家有关规定，经过严格的批准手续，可以采取技术侦察措施和身份保护措施。

第三十八条　对违反本法规定，涉嫌犯罪，需要对有关事项是否属于国家秘密或者情报进行鉴定以及需要对危害后果进行评估的，由国家保密部门或者省、自治区、直辖市保密部门按照程序在一定期限内进行鉴定和组织评估。

第三十九条　国家安全机关经调查，发现间谍行为涉嫌犯罪的，应当依照《中华人民共和国刑事诉讼法》的规定立案侦查。

第四章　保障与监督

第四十条　国家安全机关工作人员依法履行职责，受法律保护。

第四十一条　国家安全机关依法调查间谍行为，邮政、快递等物流运营单位和电信业务经营者、互联网服务提供者应当提供必要的支持和协助。

第四十二条　国家安全机关工作人员因执行紧急任务需要，经出示工作证件，享有优先乘坐公共交通工具、优先通行等通行便利。

第四十三条　国家安全机关工作人员依法执行任务时，依照规定出示工作证件，可以进入有关场所、单位；根据国家有关规定，经过批准，出示工作证件，可以进入限制进入的有关地区、场所、单位。

第四十四条　国家安全机关因反间谍工作需要，根据国家有关规定，可以优先使用或者依法征用国家机关、人民团体、企业事业组织和其他社会组织以及个人的交通工具、通信工具、场地和建筑物等，必要时可以设置相关工作场所和设施设备，任务完成后应当及时归还或者恢复原状，并依照规定支付相应费用；造成损失的，应当给予补偿。

第四十五条 国家安全机关因反间谍工作需要，根据国家有关规定，可以提请海关、移民管理等检查机关对有关人员提供通关便利，对有关资料、器材等予以免检。有关检查机关应当依法予以协助。

第四十六条 国家安全机关工作人员因执行任务，或者个人因协助执行反间谍工作任务，本人或者其近亲属的人身安全受到威胁时，国家安全机关应当会同有关部门依法采取必要措施，予以保护、营救。

个人因支持、协助反间谍工作，本人或者其近亲属的人身安全面临危险的，可以向国家安全机关请求予以保护。国家安全机关应当会同有关部门依法采取保护措施。

个人和组织因支持、协助反间谍工作导致财产损失的，根据国家有关规定给予补偿。

第四十七条 对为反间谍工作做出贡献并需要安置的人员，国家给予妥善安置。

公安、民政、财政、卫生健康、教育、人力资源和社会保障、退役军人事务、医疗保障、移民管理等有关部门以及国有企业事业单位应当协助国家安全机关做好安置工作。

第四十八条 对因开展反间谍工作或者支持、协助反间谍工作导致伤残或者牺牲、死亡的人员，根据国家有关规定给予相应的抚恤优待。

第四十九条 国家鼓励反间谍领域科技创新，发挥科技在反间谍工作中的作用。

第五十条 国家安全机关应当加强反间谍专业力量人才队伍建设和专业训练,提升反间谍工作能力。

对国家安全机关工作人员应当有计划地进行政治、理论和业务培训。培训应当坚持理论联系实际、按需施教、讲求实效,提高专业能力。

第五十一条 国家安全机关应当严格执行内部监督和安全审查制度,对其工作人员遵守法律和纪律等情况进行监督,并依法采取必要措施,定期或者不定期进行安全审查。

第五十二条 任何个人和组织对国家安全机关及其工作人员超越职权、滥用职权和其他违法行为,都有权向上级国家安全机关或者监察机关、人民检察院等有关部门检举、控告。受理检举、控告的国家安全机关或者监察机关、人民检察院等有关部门应当及时查清事实,依法处理,并将处理结果及时告知检举人、控告人。

对支持、协助国家安全机关工作或者依法检举、控告的个人和组织,任何个人和组织不得压制和打击报复。

第五章 法律责任

第五十三条 实施间谍行为,构成犯罪的,依法追究刑事责任。

第五十四条 个人实施间谍行为,尚不构成犯罪的,由国家安全机关予以警告或者处十五日以下行政拘留,单处或者并处五万元以下罚款,违法所得在五万元以上的,单处或者并处违法所得一倍以上五倍以下罚款,并可以由有关部门依法予以处分。

明知他人实施间谍行为,为其提供信息、资金、物资、劳务、技术、场所等支持、协助,或者窝藏、包庇,尚不构成犯罪的,依照前款的规定处罚。

单位有前两款行为的，由国家安全机关予以警告，单处或者并处五十万元以下罚款，违法所得在五十万元以上的，单处或者并处违法所得一倍以上五倍以下罚款，并对直接负责的主管人员和其他直接责任人员，依照第一款的规定处罚。

国家安全机关根据相关单位、人员违法情节和后果，可以建议有关主管部门依法责令停止从事相关业务、提供相关服务或者责令停产停业、吊销有关证照、撤销登记。有关主管部门应当将作出行政处理的情况及时反馈国家安全机关。

第五十五条 实施间谍行为，有自首或者立功表现的，可以从轻、减轻或者免除处罚；有重大立功表现的，给予奖励。

在境外受胁迫或者受诱骗参加间谍组织、敌对组织，从事危害中华人民共和国国家安全的活动，及时向中华人民共和国驻外机构如实说明情况，或者入境后直接或者通过所在单位及时向国家安全机关如实说明情况，并有悔改表现的，可以不予追究。

第五十六条 国家机关、人民团体、企业事业组织和其他社会组织未按照本法规定履行反间谍安全防范义务的，国家安全机关可以责令改正；未按照要求改正的，国家安全机关可以约谈相关负责人，必要时可以将约谈情况通报该单位上级主管部门；产生危害后果或者不良影响的，国家安全机关可以予以警告、通报批评；情节严重的，对负有责任的领导人员和直接责任人员，由有关部门依法予以处分。

第五十七条 违反本法第二十一条规定新建、改建、扩建建设项目的，由国家安全机关责令改正，予以警告；拒不改正或者情节严重的，责令停止建设或者使用、暂扣或者吊销许可证件，或者建议有关主管部门依法予以处理。

第五十八条 违反本法第四十一条规定的，由国家安全机关责令改正，予以警告或者通报批评；拒不改正或者情节严重的，由有关主管部门依照相关法律法规予以处罚。

第五十九条 违反本法规定，拒不配合数据调取的，由国家安全机关依照《中华人民共和国数据安全法》的有关规定予以处罚。

第六十条 违反本法规定，有下列行为之一，构成犯罪的，依法追究刑事责任；尚不构成犯罪的，由国家安全机关予以警告或者处十日以下行政拘留，可以并处三万元以下罚款：

（一）泄露有关反间谍工作的国家秘密；

（二）明知他人有间谍犯罪行为，在国家安全机关向其调查有关情况、收集有关证据时，拒绝提供；

（三）故意阻碍国家安全机关依法执行任务；

（四）隐藏、转移、变卖、损毁国家安全机关依法查封、扣押、冻结的财物；

（五）明知是间谍行为的涉案财物而窝藏、转移、收购、代为销售或者以其他方法掩饰、隐瞒；

（六）对依法支持、协助国家安全机关工作的个人和组织进行打击报复。

第六十一条 非法获取、持有属于国家秘密的文件、数据、资料、物品，以及非法生产、销售、持有、使用专用间谍器材，尚不构成犯罪的，由国家安全机关予以警告或者处十日以下行政拘留。

第六十二条 国家安全机关对依照本法查封、扣押、冻结的财物，应当妥善保管，并按照下列情形分别处理：

（一）涉嫌犯罪的，依照《中华人民共和国刑事诉讼法》等有关法律的规定处理；

（二）尚不构成犯罪，有违法事实的，对依法应当没收的予以没收，依法应当销毁的予以销毁；

（三）没有违法事实的，或者与案件无关的，应当解除查封、扣押、冻结，并及时返还相关财物；造成损失的，应当依法予以赔偿。

第六十三条 涉案财物符合下列情形之一的，应当依法予以追缴、没收，或者采取措施消除隐患：

（一）违法所得的财物及其孳息、收益，供实施间谍行为所用的本人财物；

（二）非法获取、持有的属于国家秘密的文件、数据、资料、物品；

（三）非法生产、销售、持有、使用的专用间谍器材。

第六十四条 行为人及其近亲属或者其他相关人员，因行为人实施间谍行为从间谍组织及其代理人获取的所有利益，由国家安全机关依法采取追缴、没收等措施。

第六十五条 国家安全机关依法收缴的罚款以及没收的财物，一律上缴国库。

第六十六条 境外人员违反本法的，国务院国家安全主管部门可以决定限期出境，并决定其不准入境的期限。未在规定期限内离境的，可以遣送出境。

对违反本法的境外人员，国务院国家安全主管部门决定驱逐出境的，自被驱逐出境之日起十年内不准入境，国务院国家安全主管部门的处罚决定为最终决定。

第六十七条 国家安全机关作出行政处罚决定之前，应当告知当事人拟作出的行政处罚内容及事实、理由、依据，以及当事人依法享有的陈述、申辩、要求听证等权利，并依照《中华人民共和国行政处罚法》的有关规定实施。

第六十八条 当事人对行政处罚决定、行政强制措施决定、行政许可决定不服的,可以自收到决定书之日起六十日内,依法申请复议;对复议决定不服的,可以自收到复议决定书之日起十五日内,依法向人民法院提起诉讼。

第六十九条 国家安全机关工作人员滥用职权、玩忽职守、徇私舞弊,或者有非法拘禁、刑讯逼供、暴力取证、违反规定泄露国家秘密、工作秘密、商业秘密和个人隐私、个人信息等行为,依法予以处分,构成犯罪的,依法追究刑事责任。

第六章 附 则

第七十条 国家安全机关依照法律、行政法规和国家有关规定,履行防范、制止和惩治间谍行为以外的危害国家安全行为的职责,适用本法的有关规定。

公安机关在依法履行职责过程中发现、惩治危害国家安全的行为,适用本法的有关规定。

第七十一条 本法自 2023 年 7 月 1 日起施行。

中华人民共和国反间谍法实施细则[①]

(2017 年 11 月 22 日中华人民共和国国务院令第 692 号公布 自公布之日起施行)

第一章 总 则

第一条 根据《中华人民共和国反间谍法》(以下简称《反间

[①] 本实施细则根据 2014 年第十二届全国人大常委会第十一次会议通过的《中华人民共和国反间谍法》制定。2023 年 4 月 26 日第十四届全国人民代表大会常务委员会第二次会议对反间谍法作了修订。——编者注

谍法》),制定本实施细则。

第二条 国家安全机关负责本细则的实施。

公安、保密行政管理等其他有关部门和军队有关部门按照职责分工,密切配合,加强协调,依法做好有关工作。

第三条 《反间谍法》所称"境外机构、组织"包括境外机构、组织在中华人民共和国境内设立的分支(代表)机构和分支组织;所称"境外个人"包括居住在中华人民共和国境内不具有中华人民共和国国籍的人。

第四条 《反间谍法》所称"间谍组织代理人",是指受间谍组织或者其成员的指使、委托、资助,进行或者授意、指使他人进行危害中华人民共和国国家安全活动的人。

间谍组织和间谍组织代理人由国务院国家安全主管部门确认。

第五条 《反间谍法》所称"敌对组织",是指敌视中华人民共和国人民民主专政的政权和社会主义制度,危害国家安全的组织。

敌对组织由国务院国家安全主管部门或者国务院公安部门确认。

第六条 《反间谍法》所称"资助"实施危害中华人民共和国国家安全的间谍行为,是指境内外机构、组织、个人的下列行为:

(一)向实施间谍行为的组织、个人提供经费、场所和物资的;

(二)向组织、个人提供用于实施间谍行为的经费、场所和物资的。

第七条 《反间谍法》所称"勾结"实施危害中华人民共和国国家安全的间谍行为,是指境内外组织、个人的下列行为:

(一)与境外机构、组织、个人共同策划或者进行危害国家安全的间谍活动的；

（二）接受境外机构、组织、个人的资助或者指使，进行危害国家安全的间谍活动的；

（三）与境外机构、组织、个人建立联系，取得支持、帮助，进行危害国家安全的间谍活动的。

第八条 下列行为属于《反间谍法》第三十九条所称"间谍行为以外的其他危害国家安全行为"：

（一）组织、策划、实施分裂国家、破坏国家统一，颠覆国家政权、推翻社会主义制度的；

（二）组织、策划、实施危害国家安全的恐怖活动的；

（三）捏造、歪曲事实，发表、散布危害国家安全的文字或者信息，或者制作、传播、出版危害国家安全的音像制品或者其他出版物的；

（四）利用设立社会团体或者企业事业组织，进行危害国家安全活动的；

（五）利用宗教进行危害国家安全活动的；

（六）组织、利用邪教进行危害国家安全活动的；

（七）制造民族纠纷，煽动民族分裂，危害国家安全的；

（八）境外个人违反有关规定，不听劝阻，擅自会见境内有危害国家安全行为或者有危害国家安全行为重大嫌疑的人员。

第二章 国家安全机关在反间谍工作中的职权

第九条 境外个人被认为入境后可能进行危害中华人民共和国国家安全活动的，国务院国家安全主管部门可以决定其在一定时期内不得入境。

第十条 对背叛祖国、危害国家安全的犯罪嫌疑人，依据《反间谍法》第八条的规定，国家安全机关可以通缉、追捕。

第十一条 国家安全机关依法执行反间谍工作任务时，有权向有关组织和人员调查询问有关情况。

第十二条 国家安全机关工作人员依法执行反间谍工作任务时，对发现身份不明、有危害国家安全行为的嫌疑人员，可以检查其随带物品。

第十三条 国家安全机关执行反间谍工作紧急任务的车辆，可以配置特别通行标志和警灯、警报器。

第十四条 国家安全机关工作人员依法执行反间谍工作任务的行为，不受其他组织和个人的非法干涉。

国家安全机关工作人员依法执行反间谍工作任务时，应当出示国家安全部侦察证或者其他相应证件。

国家安全机关及其工作人员在工作中，应当严格依法办事，不得超越职权、滥用职权，不得侵犯组织和个人的合法权益。

第三章 公民和组织维护国家安全的义务和权利

第十五条 机关、团体和其他组织对本单位的人员进行维护国家安全的教育，动员、组织本单位的人员防范、制止间谍行为的工作，应当接受国家安全机关的协调和指导。

机关、团体和其他组织不履行《反间谍法》和本细则规定的安全防范义务，未按照要求整改或者未达到整改要求的，国家安全机关可以约谈相关负责人，将约谈情况通报该单位上级主管部门，推动落实防范间谍行为和其他危害国家安全行为的责任。

第十六条 下列情形属于《反间谍法》第七条所称"重大贡献"：

（一）为国家安全机关提供重要线索，发现、破获严重危害国家安全的犯罪案件的；

（二）为国家安全机关提供重要情况，防范、制止严重危害国家安全的行为发生的；

（三）密切配合国家安全机关执行国家安全工作任务，表现突出的；

（四）为维护国家安全，与危害国家安全的犯罪分子进行斗争，表现突出的；

（五）在教育、动员、组织本单位的人员防范、制止危害国家安全行为的工作中，成绩显著的。

第十七条 《反间谍法》第二十四条所称"非法持有属于国家秘密的文件、资料和其他物品"是指：

（一）不应知悉某项国家秘密的人员携带、存放属于该项国家秘密的文件、资料和其他物品的；

（二）可以知悉某项国家秘密的人员，未经办理手续，私自携带、留存属于该项国家秘密的文件、资料和其他物品的。

第十八条 《反间谍法》第二十五条所称"专用间谍器材"，是指进行间谍活动特殊需要的下列器材：

（一）暗藏式窃听、窃照器材；

（二）突发式收发报机、一次性密码本、密写工具；

（三）用于获取情报的电子监听、截收器材；

（四）其他专用间谍器材。

专用间谍器材的确认，由国务院国家安全主管部门负责。

第四章　法律责任

第十九条 实施危害国家安全的行为，由有关部门依法予以处分，国家安全机关也可以予以警告；构成犯罪的，依法追究刑事责任。

第二十条 下列情形属于《反间谍法》第二十七条所称"立功表现":

(一)揭发、检举危害国家安全的其他犯罪分子,情况属实的;

(二)提供重要线索、证据,使危害国家安全的行为得以发现和制止的;

(三)协助国家安全机关、司法机关捕获其他危害国家安全的犯罪分子的;

(四)对协助国家安全机关维护国家安全有重要作用的其他行为。

"重大立功表现",是指在前款所列立功表现的范围内对国家安全工作有特别重要作用的。

第二十一条 有证据证明知道他人有间谍行为,或者经国家安全机关明确告知他人有危害国家安全的犯罪行为,在国家安全机关向其调查有关情况、收集有关证据时,拒绝提供的,依照《反间谍法》第二十九条的规定处理。

第二十二条 国家安全机关依法执行反间谍工作任务时,公民和组织依法有义务提供便利条件或者其他协助,拒不提供或者拒不协助,构成故意阻碍国家安全机关依法执行反间谍工作任务的,依照《反间谍法》第三十条的规定处罚。

第二十三条 故意阻碍国家安全机关依法执行反间谍工作任务,造成国家安全机关工作人员人身伤害或者财物损失的,应当依法承担赔偿责任,并由司法机关或者国家安全机关依照《反间谍法》第三十条的规定予以处罚。

第二十四条 对涉嫌间谍行为的人员,国家安全机关可以决定其在一定期限内不得出境。对违反《反间谍法》的境外个人,国务院国家安全主管部门可以决定限期离境或者驱逐出境，并决定其不得入境的期限。被驱逐出境的境外个人，自被驱逐出境之日起10年内不得入境。

第五章 附 则

第二十五条 国家安全机关、公安机关依照法律、行政法规和国家有关规定，履行防范、制止和惩治间谍行为以外的其他危害国家安全行为的职责，适用本细则的有关规定。

第二十六条 本细则自公布之日起施行。1994年6月4日国务院发布的《中华人民共和国国家安全法实施细则》同时废止。

反间谍安全防范工作规定

（2021年4月26日中华人民共和国国家安全部令2021年第1号公布 自公布之日起施行）

第一章 总 则

第一条 为了加强和规范反间谍安全防范工作，督促机关、团体、企业事业组织和其他社会组织落实反间谍安全防范责任，根据《中华人民共和国国家安全法》《中华人民共和国反间谍法》《中华人民共和国反间谍法实施细则》等有关法律法规，制定本规定。

第二条 机关、团体、企业事业组织和其他社会组织在国家安全机关的协调和指导下开展反间谍安全防范工作，适用本规定。

第三条 开展反间谍安全防范工作，应当坚持中央统一领导，坚持总体国家安全观，坚持专门工作与群众路线相结合，坚持人防物防技防相结合,严格遵守法定权限和程序,尊重和保障人权,保护公民、组织的合法权益。

第四条 机关、团体、企业事业组织和其他社会组织承担本单位反间谍安全防范工作的主体责任,应当对本单位的人员进行维护国家安全的教育,动员、组织本单位的人员防范、制止间谍行为和其他危害国家安全的行为。

行业主管部门在其职权范围内,监督管理本行业反间谍安全防范工作。

第五条 各级国家安全机关按照管理权限,依法对机关、团体、企业事业组织和其他社会组织开展反间谍安全防范工作进行业务指导和督促检查。

第六条 国家安全机关及其工作人员对履行反间谍安全防范指导和检查工作职责中知悉的国家秘密、工作秘密、商业秘密、个人隐私和个人信息,应当严格保密,不得泄露或者向他人非法提供。

第二章 反间谍安全防范责任

第七条 行业主管部门应当履行下列反间谍安全防范监督管理责任:

(一)根据主管行业特点,明确本行业反间谍安全防范工作要求;

(二)配合国家安全机关制定主管行业反间谍安全防范重点单位名录、开展反间谍安全防范工作;

(三)指导、督促主管行业所属重点单位履行反间谍安全防范义务;

(四)其他应当履行的反间谍安全防范行业管理责任。

有关行业主管部门应当与国家安全机关建立健全反间谍安全防

范协作机制,加强信息互通、情况会商、协同指导、联合督查,共同做好反间谍安全防范工作。

第八条 机关、团体、企业事业组织和其他社会组织应当落实反间谍安全防范主体责任,履行下列义务:

(一)开展反间谍安全防范教育、培训,提高本单位人员的安全防范意识和应对能力;

(二)加强本单位反间谍安全防范管理,落实有关安全防范措施;

(三)及时向国家安全机关报告涉及间谍行为和其他危害国家安全行为的可疑情况;

(四)为国家安全机关依法执行任务提供便利或者其他协助;

(五)妥善应对和处置涉及本单位和本单位人员的反间谍安全防范突发情况;

(六)其他应当履行的反间谍安全防范义务。

第九条 国家安全机关根据单位性质、所属行业、涉密等级、涉外程度以及是否发生过危害国家安全案事件等因素,会同有关部门制定并定期调整反间谍安全防范重点单位名录,以书面形式告知重点单位。反间谍安全防范重点单位除履行本规定第八条规定的义务外,还应当履行下列义务:

(一)建立健全反间谍安全防范工作制度;

(二)明确本单位相关机构和人员承担反间谍安全防范职责;

(三)加强对涉密事项、场所、载体、数据、岗位和人员的日常安全防范管理,对涉密人员实行上岗前反间谍安全防范审查,与涉密人员签订安全防范承诺书;

(四)组织涉密、涉外人员向本单位报告涉及国家安全事项,并做好数据信息动态管理;

（五）做好涉外交流合作中的反间谍安全防范工作，制定并落实有关预案措施；

（六）做好本单位出国（境）团组、人员和长期驻外人员的反间谍安全防范行前教育、境外管理和回国（境）访谈工作；

（七）定期对涉密、涉外人员开展反间谍安全防范教育、培训；

（八）按照反间谍技术安全防范标准，配备必要的设备、设施，落实有关技术安全防范措施；

（九）定期对本单位反间谍安全防范工作进行自查，及时发现和消除安全隐患。

第十条 关键信息基础设施运营者除履行本规定第八条规定的义务外，还应当履行下列义务：

（一）对本单位安全管理机构负责人和关键岗位人员进行反间谍安全防范审查；

（二）定期对从业人员进行反间谍安全防范教育、培训；

（三）采取反间谍技术安全防范措施，防范、制止境外网络攻击、网络入侵、网络窃密等间谍行为，保障网络和信息核心技术、关键基础设施和重要领域信息系统及数据的安全。

列入反间谍安全防范重点单位名录的关键信息基础设施运营者，还应当履行本规定第九条规定的义务。

第三章 反间谍安全防范指导

第十一条 国家安全机关可以通过下列方式，对机关、团体、企业事业组织和其他社会组织落实反间谍安全防范责任进行指导：

（一）提供工作手册、指南等宣传教育材料；

（二）印发书面指导意见；

（三）举办工作培训；

(四)召开工作会议;

(五)提醒、劝告;

(六)其他指导方式。

第十二条 国家安全机关定期分析反间谍安全防范形势,开展风险评估,通报有关单位,向有关单位提出加强和改进反间谍安全防范工作的意见和建议。

第十三条 国家安全机关运用网络、媒体平台、国家安全教育基地(馆)等,开展反间谍安全防范宣传教育。

第十四条 国家安全机关会同教育主管部门,指导学校向全体师生开展反间谍安全防范教育,对参加出国(境)学习、交流的师生加强反间谍安全防范行前教育和回国(境)访谈。

第十五条 国家安全机关会同科技主管部门,指导各类科研机构向科研人员开展反间谍安全防范教育,对参加出国(境)学习、交流的科研人员加强反间谍安全防范行前教育和回国(境)访谈。

第十六条 国家安全机关会同有关部门,组织、动员居(村)民委员会结合本地实际配合开展群众性反间谍安全防范宣传教育。

第十七条 国家安全机关会同宣传主管部门,协调和指导广播、电视、报刊、互联网等媒体开展反间谍安全防范宣传活动,制作、刊登、播放反间谍安全防范公益广告、典型案例、宣传教育节目或者其他宣传品,提高公众反间谍安全防范意识。

第十八条 公民、组织可以通过国家安全机关12339举报受理电话、网络举报受理平台或者国家安全机关公布的其他举报方式,举报间谍行为和其他危害国家安全的行为,以及各类反间谍安全防范问题线索。

第十九条 国家安全机关应当严格为举报人保密,保护举报人的人身财产安全。未经举报人同意,不得以任何方式公开或者泄露其个人信息。

公民因举报间谍行为或者其他危害国家安全行为,本人或者其近亲属的人身安全面临危险的,可以向国家安全机关请求予以保护。国家安全机关应当会同有关部门依法采取保护措施。

第二十条 对反间谍安全防范工作中取得显著成绩或者做出重大贡献的单位和个人,符合下列条件之一的,国家安全机关可以按照国家有关规定,会同有关部门、单位给予表彰、奖励:

(一)提供重要情况或者线索,为国家安全机关发现、破获间谍案件或者其他危害国家安全案件,或者为有关单位防范、消除涉及国家安全的重大风险隐患或者现实危害发挥重要作用的;

(二)密切配合国家安全机关执行任务,表现突出的;

(三)防范、制止间谍行为或者其他危害国家安全行为,表现突出的;

(四)主动采取措施,及时消除本单位涉及国家安全的重大风险隐患或者现实危害,挽回重大损失的;

(五)在反间谍安全防范工作中,有重大创新或者成效特别显著的;

(六)在反间谍安全防范工作中做出其他重大贡献的。

第四章 反间谍安全防范检查

第二十一条 国家安全机关对有下列情形之一的,经设区的市级以上国家安全机关负责人批准,并出具法律文书,可以对机关、团体、企业事业组织和其他社会组织开展反间谍安全防范检查:

(一)发现反间谍安全防范风险隐患;

(二)接到反间谍安全防范问题线索举报;

(三)依据有关单位的申请;

(四)因其他反间谍安全防范工作需要。

第二十二条 国家安全机关可以通过下列方式对机关、团体、企业事业组织和其他社会组织的反间谍安全防范工作进行检查:

(一)向有关单位和人员了解情况;

(二)调阅有关资料;

(三)听取有关工作说明;

(四)进入有关单位、场所实地查看;

(五)查验电子通信工具、器材等设备、设施;

(六)反间谍技术防范检查和检测;

(七)其他法律、法规、规章授权的检查方式。

第二十三条 经设区的市级以上国家安全机关负责人批准,国家安全机关可以对存在风险隐患的机关、团体、企业事业组织和其他社会组织的相关部位、场所和建筑物、内部设备设施、强弱电系统、计算机网络及信息系统、关键信息基础设施等开展反间谍技术防范检查检测,防范、发现和处置危害国家安全的情况。

第二十四条 国家安全机关可以采取下列方式开展反间谍技术防范检查检测:

(一)进入有关单位、场所,进行现场技术检查;

(二)使用专用设备,对有关部位、场所、链路、网络进行技术检测;

(三)对有关设备设施、网络、系统进行远程技术检测。

第二十五条 国家安全机关开展反间谍技术防范现场检查检测时,检查人员不得少于两人,并应当出示相应证件。

国家安全机关开展远程技术检测,应当事先告知被检测对象检测时间、检测范围等事项。

检查检测人员应当制作检查检测记录,如实记录检查检测情况。

第二十六条　国家安全机关在开展反间谍技术防范检查检测中，为防止危害发生或者扩大，可以依法责令被检查对象采取技术屏蔽、隔离、拆除或者停止使用相关设备设施、网络、系统等整改措施，指导和督促有关措施的落实，并在检查检测记录中注明。

第二十七条　国家安全机关可以根据反间谍安全防范检查情况，向被检查单位提出加强和改进反间谍安全防范工作的意见和建议，督促有关单位落实反间谍安全防范责任和义务。

第五章　法律责任

第二十八条　机关、团体、企业事业组织和其他社会组织违反本规定，有下列情形之一的，国家安全机关可以依法责令限期整改；被责令整改单位应当于整改期限届满前向国家安全机关提交整改报告，国家安全机关应当自收到整改报告之日起十五个工作日内对整改情况进行检查：

（一）不认真履行反间谍安全防范责任和义务，安全防范工作措施不落实或者落实不到位，存在明显问题隐患的；

（二）不接受国家安全机关反间谍安全防范指导和检查的；

（三）发生间谍案件，叛逃案件，为境外窃取、刺探、收买、非法提供国家秘密、情报案件，以及其他危害国家安全案事件的；

（四）发现涉及间谍行为和其他危害国家安全行为的可疑情况，迟报、漏报、瞒报，造成不良后果或者影响的；

（五）不配合或者阻碍国家安全机关依法执行任务的。

对未按照要求整改或者未达到整改要求的，国家安全机关可以依法约谈相关负责人，并将约谈情况通报该单位上级主管部门。

第二十九条　机关、团体、企业事业组织和其他社会组织及其工作人员未履行或者未按照规定履行反间谍安全防范责任和义务，造成不良后果或者影响的，国家安全机关可以向有关机关、单位移送问题线索，建议有关机关、单位按照管理权限对负有责任的领导人员和直接责任人员依规依纪依法予以处理；构成犯罪的，依法追究刑事责任。

第三十条 国家安全机关及其工作人员在反间谍安全防范指导和检查工作中，滥用职权、玩忽职守、徇私舞弊的，对负有责任的领导人员和直接责任人员依规依纪依法予以处理；构成犯罪的，依法追究刑事责任。

第六章 附 则

第三十一条 本规定自公布之日起施行。

公民举报危害国家安全行为奖励办法

(2022年6月6日中华人民共和国国家安全部令第2号公布 自公布之日起施行)

第一章 总 则

第一条 为了鼓励公民举报危害国家安全行为，规范危害国家安全行为举报奖励工作，动员全社会力量共同维护国家安全，根据《中华人民共和国国家安全法》《中华人民共和国反间谍法》《中华人民共和国反间谍法实施细则》等法律法规，制定本办法。

第二条 国家安全机关在法定职责范围内对公民举报危害国家安全行为实施奖励，适用本办法。

第三条 对举报危害国家安全行为的公民实施奖励，应当贯彻总体国家安全观,坚持国家安全一切为了人民、一切依靠人民,坚持专门工作与群众路线相结合,坚持客观公正、依法依规。

第四条 公民可以通过下列方式向国家安全机关举报:

(一)拨打国家安全机关12339举报受理电话;

(二)登录国家安全机关互联网举报受理平台网站 www.12339.gov.cn;

(三)向国家安全机关投递信函;

(四)到国家安全机关当面举报;

(五)通过其他国家机关或者举报人所在单位向国家安全机关报告;

(六)其他举报方式。

第五条 公民可以实名或者匿名进行举报。实名举报应当提供真实身份信息和有效联系方式。匿名举报人有奖励诉求的,应当提供能够辨识其举报身份的信息。

提倡和鼓励实名举报。

第六条 国家安全机关以及依法知情的其他组织和个人应当严格为举报人保密,未经举报人同意,不得以任何方式泄露举报人身份相关信息。

因举报危害国家安全行为,举报人本人或者其近亲属的人身安全面临危险的,可以向国家安全机关请求予以保护。国家安全机关应当会同有关部门依法采取有效保护措施。国家安全机关认为有必要的,应当依职权及时、主动采取保护措施。

第七条 国家安全机关会同宣传主管部门,协调和指导广播、电视、报刊、互联网等媒体对举报危害国家安全行为的渠道方式、典型案例、先进事迹等进行宣传,制作、刊登、播放有关公益广告、宣传教育节目或者其他宣传品,增强公民维护国家安全意识,提高公民举报危害国家安全行为的积极性、主动性。

第二章　奖励条件、方式和标准

第八条　获得举报奖励应当同时符合下列条件：

（一）有明确的举报对象，或者具体的危害国家安全行为线索或者情况；

（二）举报事项事先未被国家安全机关掌握，或者虽被国家安全机关有所掌握，但举报人提供的情况更为具体详实；

（三）举报内容经国家安全机关查证属实，为防范、制止和惩治危害国家安全行为发挥了作用、作出了贡献。

第九条　有下列情形之一的，不予奖励或者不予重复奖励：

（一）国家安全机关工作人员或者其他具有法定职责的人员举报的，不予奖励；

（二）无法验证举报人身份，或者无法与举报人取得联系的，不予奖励；

（三）最终认定的违法事实与举报事项不一致的，不予奖励；

（四）对同一举报人的同一举报事项，不予重复奖励；对同一举报人提起的两个或者两个以上有包含关系的举报事项，相同内容部分不予重复奖励；

（五）经由举报线索调查发现新的危害国家安全行为或者违法主体的，不予重复奖励；

（六）其他不符合法律法规规章规定的奖励情形。

第十条　两人及两人以上举报的，按照下列规则进行奖励认定：

（一）同一事项由两个及两个以上举报人分别举报的，奖励最先举报人，举报次序以国家安全机关受理举报的登记时间为准，最先举报人以外的其他举报人可以酌情给予奖励；

（二）两人及两人以上联名举报同一线索或者情况的，按同一举报奖励。

第十一条 国家安全机关根据违法线索查证结果、违法行为危害程度、举报发挥作用情况等，综合评估确定奖励等级，给予精神奖励或者物质奖励。

给予精神奖励的，颁发奖励证书；给予物质奖励的，发放奖金。

征得举报人及其所在单位同意后，可以由举报人所在单位对举报人实施奖励。

第十二条 以发放奖金方式进行奖励的，具体标准如下：

（一）对防范、制止和惩治危害国家安全行为发挥一定作用、作出一定贡献的，给予人民币1万元以下奖励；

（二）对防范、制止和惩治危害国家安全行为发挥重要作用、作出重要贡献的，给予人民币1万元至3万元奖励；

（三）对防范、制止和惩治严重危害国家安全行为发挥重大作用、作出重大贡献的，给予人民币3万元至10万元奖励；

（四）对防范、制止和惩治严重危害国家安全行为发挥特别重大作用、作出特别重大贡献的，给予人民币10万元以上奖励。

第三章 奖励程序

第十三条 对于符合本办法规定的奖励条件的举报，应当在举报查证属实、依法对危害国家安全行为作出处理后30个工作日内，由设区的市级以上国家安全机关启动奖励程序。

第十四条 国家安全机关应当根据本办法第十一条、第十二条，认定奖励等级，作出奖励决定。

第十五条　国家安全机关应当在作出奖励决定之日起 10 个工作日内，以适当方式将奖励决定告知举报人。

举报人放弃奖励的，终止奖励程序。

第十六条　举报人应当在被告知奖励决定之日起 6 个月内，由本人或者委托他人领取奖励。

因特殊情况无法按期领取奖励的，可以延长奖励领取期限，最长不超过 3 年。举报人无正当理由逾期未领取奖励的，视为主动放弃。

第十七条　征得举报人同意后，国家安全机关可以单独或者会同有关单位，在做好安全保密工作的前提下举行奖励仪式。

第十八条　公民举报危害国家安全行为奖励经费按规定纳入国家安全机关部门预算。

第十九条　国家安全机关应当加强对举报奖金的发放管理。举报奖金的发放，应当依法接受监督。

第四章　法律责任

第二十条　国家安全机关工作人员有下列情形之一的，对负有责任的领导人员和直接责任人员依规依纪依法予以处理；构成犯罪的，依法追究刑事责任：

（一）伪造或者教唆、伙同他人伪造举报材料，冒领举报奖金的；

（二）泄露举报或者举报人信息的；

（三）利用在职务活动中知悉的危害国家安全行为有关线索或者情况，通过他人以举报的方式获取奖励的；

（四）未认真核实举报情况，导致不符合奖励条件的举报人获得奖励的；

（五）对符合举报奖励条件的举报人，无正当理由未按规定要求或者期限给予奖励的；

（六）其他依规依纪依法应当追究责任的情形。

第二十一条 举报人有下列情形之一的，依法予以处理；构成犯罪的，依法追究刑事责任：

（一）借举报之名故意捏造事实诬告、陷害他人的；

（二）弄虚作假骗取奖金的；

（三）恶意举报或者以举报为名制造事端，干扰国家安全机关工作的；

（四）泄露举报中知悉的国家秘密或者工作秘密，造成不良后果或者影响的。

举报人有前款规定情形之一，已经启动奖励程序的，应当终止奖励程序；已经作出奖励决定的，应当予以撤销；已经实施奖励的，应当予以追回。

第二十二条 举报人所在单位有下列情形之一的，依法予以处理：

（一）举报人向所在单位报告危害国家安全行为线索或者情况后，单位不及时向国家安全机关报告或者漏报、瞒报，造成不良后果或者影响的；

（二）举报人向国家安全机关报告危害国家安全行为线索或者情况后，单位对举报人实施打击、报复的。

第五章　附　　则

第二十三条 对境外人员举报实施奖励，适用本办法的有关规定。

第二十四条 本办法自公布之日起施行。

图书在版编目（CIP）数据

反间谍法学习问答／中国法制出版社编．—北京：中国法制出版社，2023.5
ISBN 978-7-5216-3498-3

Ⅰ．①反… Ⅱ．①中… Ⅲ．①反间谍法-中国-问题解答 Ⅳ．①D922.145

中国国家版本馆CIP数据核字（2023）第069449号

责任编辑：程　思　　　　　　　　　　　封面设计：李　宁

反间谍法学习问答
FANJIANDIEFA XUEXI WENDA

编者／中国法制出版社
经销／新华书店
印刷／三河市紫恒印装有限公司
开本／880毫米×1230毫米　32开　　　　印张／5　字数／67千
版次／2023年5月第1版　　　　　　　　2023年5月第1次印刷

中国法制出版社出版
书号 ISBN 978-7-5216-3498-3　　　　　　　　定价：25.00元

北京市西城区西便门西里甲16号西便门办公区
邮政编码：100053　　　　　　　　　　传真：010-63141600
网址：http://www.zgfzs.com　　　　编辑部电话：010-63141806
市场营销部电话：010-63141612　　　印务部电话：010-63141606

（如有印装质量问题，请与本社印务部联系。）